The Illustrated Pirkei Avot

The Illustrated Pirkei Avot

A Graphic Novel of Jewish Ethics

PRINT·O·CRAFT

PHILADELPHIA

The Illustrated Pirkei Avot

Print-O-Craft Press
PO Box 18963
Philadelphia PA 19119

www.shabb.es

Printed in the United States of America

ISBN 978-0-9905155-5-5

PCN 2017933823

10 9 8 7 6 5 4 3   8 9

Table of Contents

Dear Reader,

The first time I studied Pirkei Avot, I was in a beit midrash in the Old City of Jerusalem and I just did not like it. I grew up in an active and engaged Jewish home, but what I loved were the stories, the songs, the culture and history. Pirkei Avot was supposed to be the most relevant book of the Talmud, but it just seemed like a bunch of stuff I'd heard before, kind of basic. I couldn't find my way in.

The second time I studied it, it was because of a monster. I was browsing at a bookstore and found a book by the Maharal, the mystic of Prague famous for creating the golem, and I was surprised to see that it was a commentary on (you guessed it) Pirkei Avot. By then I was in art school, surrounded by other people devoted to creation, and to see this rabbi who was an artist, too, find something in this book...I wanted to try again.

I took it everywhere. From subway rides, airplanes, 20 minutes between classes, to gallery hopping; we stuck with each other. By the end of the year, Pirkei Avot and I had developed a deep friendship, and like any good friend, it had so much to teach me. I could witness the magic and life in the lessons I once thought were simple; I could see the worlds it contained.

A little background to those who are new to this: Pirkei Avot is one of the 60 books that make up the 6 orders of the Mishnah, the first collection of Jewish law. What makes it unique is that it's the Mishnah's sole section whose focus is how we treat each other and teaches us how to refine our souls and strengthen our ability to love.

Rabbi Yehudah HaNasi, when editing the Mishnah together, placed Pirkei Avot in the Mishnah's second to last order, called 'Nezikin' (damages). What can this mean? Perhaps that the rabbis wanted us to take our behavior seriously and to recognize the potential we have to hurt each other, or to heal. To the rabbis, ethics is not just something good to do; it's the law!

The third time I studied Pirkei Avot, it became this book. My greatest hope is that, in reading this, the teachings feel relevant to your life. That they feel like yours. Ben Bag Bag would say, "Turn it & turn it for all is in it."

This graphic novel is just one thing Pirkei Avot could become. But now it's in your hands. What can you bring to it? Will it become a Shabbat afternoon companion? Something to read with your family? Will it become a song, or a dance, or a play? Will it become a friend?

If you turn it & turn it - what can it become?

Love,

Jess

FEATURED SAGES

1st Group of Sages 200BCE-70CE

Men of the Great Assembly

Shimon the Righteous

Antigonos of Socho

Yose son of Yoezer of Zeredah

Yose son of Yochanan of Jerusalem

Yehoshua son of Perachya

Nittai of Arbel

Yehudah son of Tabbai

Shimon son of Shetach

Shmaya

Avtalyon

Hillel

Shammai

Rabbi Gamliel

Shimon son of Gamliel

Ben Bag Bag

Ben Hay Hay

Akavya son of Mahalal

Chanina the deputy high priest

Rabbi Chanina son of Dosa

Rabbi Tzadok

Rabbi Yochanan son of Zakkai

2nd Group of Sages 70CE-Early 2nd C.CE

Rabbi Eliezer son of Hyrkanos

Rabbi Yehoshua son of Chanania

Rabbi Yose the Kohen

Rabbi Shimon son of Netanel

Rabbi Eleazar son of Arach

Rabbi Nechunia son of Hakana

Rabbi Dosa son of Hyrcanus

Shmuel the younger

Rabbi Tarfon

8

3rd Group of Sages Early 2nd C.CE -135CE

Rabbi Eleazar son of Azaria

Rabbi Eleazar of Modin

Rabbi Eleazar son of Chisma

Rabbi Levitas of Yavneh

Rabbi Eleazar of Bartosa

Rabbi Akiva

Rabbi Chanania son of Tradyon

Rabbi Yishmael

Ben Zoma

Ben Azzai

Rabbi Mattitiah son of Cheresh

Elisha son of Avuyah

Rabbi Yose son of Kisma

Rabbi Yochanan son of Beroka

4th Group of Sages 135CE-Late 2nd C.CE

Rabbi Yose son of Chalafta

Rabbi Yonatan

Rabbi Nehorai

Rabbi Shimon son of Yochai

Rabbi Meir

Rabbi Chanina son of Chakinai

Rabbi Yaakov

Rabbi Eliezer son of Yaakov

Yochanan the shoemaker

Rabbi Eleazar son of Shamua

Rabbi Yehudah

Rabbi Yose son of Yehuda

Yishmael son of Yochanan son of Yose

Rabbi Shimon son of Gamliel

5th Group of Sages Late 2nd C.CE-Early 3rd C.CE

Rabbi Yehuda Hanasi

Rabbi Yishmael son of Yose

Rabbi Shimon son of Elazar

Rabbi Dostai son of Yannai

Rabbi Eliezer Hakappar

Yehuda son of Tema

Shimon son of Menasya

Rabbi Chalafta son of Dosa

Rabbi Shimon son of Yehuda

Rabbi Yannai

Rabbi Gamliel son of Yehuda

Rabbi Yehoshua son of Levi

9

11

& passed it over to Joshua, (He was the most dedicated student of Moses & was always by his tent)

who gave it over to the Elders, (Not all of the Elders were actually old, but they were called Elders because they were very wise)

Who gave it over to the Prophets, (There were 7 women & 46 men who were prophets)

Who gave it over to the Men of the Great Assembly. (There were 120 members)

MISHNA 2

Shimon the "Tzaddik" (a very righteous person) who was one of the last surviving members of the Great Assembly says,

The world stands on 3 things...

TORAH · WORSHIP · & KINDNESS

MISHNA 3

Antigonos of Socho says,

Don't be like the servant who serves for reward,

rather, serve your master not in order to receive reward,

& let the fear of Heaven be upon you.

POOF

During the time of the 2nd Temple, the Jewish leadership was made up of 5 generations of pairs. Each pair was called a 'zug.' Each zug shares advice in this chapter.]

MISHNA 4

Zug #1

Yose son of Yoezer & Yose son of Yehuda received the tradition.

Yose son of Yoezer says, Let your home be a meeting place for scholars, bask in the dirt of their feet, & drink their words with thirst.

MISHNA 5

Yose son of Yochanan says, Let your home be open wide, & let the poor be members of your home. Do not engage in excessive chatter with your wife & certainly not with someone else's wife.

From this the wise derive that all who speak too much with women cause trouble for themselves, will be distracted from Torah study, & in the end will inherit 'Gehinom', hell. (Clearly this passage is shocking! In our society we now consider men & women to be equally valuable)

15

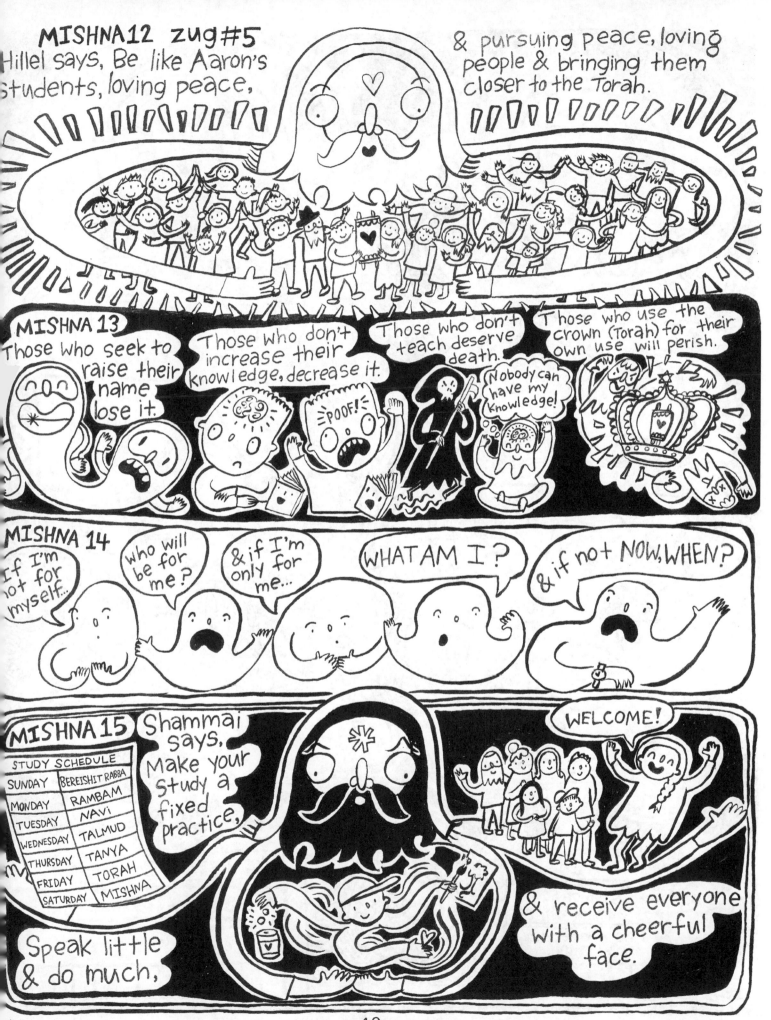

MISHNA 12 zug #5
Hillel says, Be like Aaron's students, loving peace, & pursuing peace, loving people & bringing them closer to the Torah.

MISHNA 13
Those who seek to raise their name lose it.

Those who don't increase their knowledge, decrease it.

POOF!

Those who don't teach deserve death.

Nobody can have my knowledge!

Those who use the crown (Torah) for their own use will perish.

MISHNA 14
If I'm not for myself...

Who will be for me?

& if I'm only for me...

WHAT AM I?

& if not NOW, WHEN?

MISHNA 15   Shammai says, Make your study a fixed practice,

STUDY SCHEDULE	
SUNDAY	BEREISHIT RABBA
MONDAY	RAMBAM
TUESDAY	NAVI
WEDNESDAY	TALMUD
THURSDAY	TANYA
FRIDAY	TORAH
SATURDAY	MISHNA

Speak little & do much,

WELCOME!

& receive everyone with a cheerful face.

MISHNA 16 Rabban Gamliel says,

Find yourself a teacher,

Free yourself from doubt,

& don't estimate instead of measuring.

MISHNA 17 Shimon his son says,

I grew up amongst the sages,

& found nothing better for the body than silence.

Not study but deed is essential.

& one who talks too much brings on sin.

blah, blah, blah...

OY!

MISHNA 18 Rabbi Shimon son of Gamliel says, The world endures on 3 things...

Justice, truth, & peace.

Like it says in Zecharia (8:16), "Administer truth & the justice of peace at your gates."

20

All of Israel has a share in the world to come. Like it says in Isaiah (60:21), "All the people of your nation are righteous,

Chapter Two

the land is their inheritance forever, they are my planted branch, My handmade creation which brings Me glory."

ink

23

Be as careful with a minor deed as you would be with a major deed,

for you don't know the reward for any sized deed.

Consider the potential loss of a good deed against its potential reward, & the gain of a bad deed against its cost.

MISHNA 2

Rabban Gamliel son of Rabbi Yehudah HaNasi says, Beautiful is the study of Torah with the way of the world.

Being busy with both causes bad deeds to be scarce. All Torah study that is unaccompanied by work will come to nothing & lead to sin.

All who do work for the community should do so for the sake of heaven, so the merit of their ancestors will aid them & their righteousness will endure forever, & they will receive credit as if they did it alone.

MISHNA 3 Be careful with people in power, because they befriend a person only for their own needs. They seem to be friends when they benefit, but they won't stand by someone in their time of need.

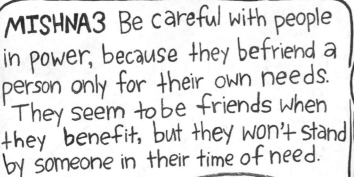

Hey! Remember me?! I have a petition with 100 signatures! Don't you care?!

Nooo! Not you again... SCRAM!

MISHNA 4

He also says, Make His will be like your will so that He can make your will as His will.

Nullify your will before His will, so that He should nullify the will of others before you.

MISHNA 5

Hillel says, Don't separate yourself from the community.

I don't need any of you!

Don't believe in yourself until the day you die.

Don't judge anyone until you have stood in their place.

Sigh... today was really rough!

Get it together!

Don't say something that can't be understood right away.

... & that's how rocket science works, it's that simple.

Oh, neat... Thanks for explaining that.

Sigh... That made no sense to me at all!

Don't say secrets, they will eventually be heard.

Don't tell ANYONE!

OK! I promise I won't tell!

I'm going to tell EVERYONE!

& don't say,

Oh, when I have time I will study!

for you may never actually be free

MISHNA 7

Hillel saw a skull floating in the water & said to the skull...

Because you drowned others you were drowned, & those who drowned you will drown.

There are different answers as to whose skull it was. One answer is that it was Pharaoh's. He commanded Jewish children to be drowned, so he was punished by being drowned. Another answer is that two men were traveling for business, but one man was very greedy & killed his travel companion so he could steal his money. Before returning home the murderer was killed.

MISHNA 8 Hillel also says, Increase of flesh brings an increase in worms. Increase in possessions causes an increase in worries.

The more wives, the more sorcery.

The more maidservants, the more lewdness.

The more man servants, the more thievery.

HOWEVER...

The more Torah the more life.

The more study the more wisdom.

The more counsel, the more understanding.

The more charity the more peace.

Someone who has gained a good reputation acquired it for themselves.

One who has gained Torah knowledge acquired for themself life in the world to come.

MISHNA 10 Rabban Yochanan son of Zakkai had **5** primary students: Rabbi Eliezer son of Hyrkanos, Rabbi Yehoshua son of Chanania, Rabbi Yose the Kohen, Rabbi Shimon son of Netanel & Rabbi Eleazar son of Arach.

MISHNA 11 He would praise all of them for their unique qualities.

Rabbi Eliezer son of Hyrkanos is like a cemented cistern that doesn't lose a drop. (He remembers everything)

Rabbi Eleazar son of Arach is like a spring flowing stronger & stronger.

Rabbi — Yochanan — son of Zakkai

Praiseworthy is the woman who gave birth to Rabbi Yehoshua son of Chanania.

Rabbi Shimon son of Netanel fears sin. (He would even avoid doing things that are allowed in order not to sin)

Rabbi Yose the Kohen is a very pious person. (He goes beyond the letter of the law & puts others before himself)

MISHNA 12 Rabban Yochanan son of Zakkai says, If all the sages were on one side of a scale, & Eliezer son of Hyrkanos was on the other side, he would outweigh the sages. Abba Shaul says, If all the sages & Rabbi Eliezer son of Hyrkanos were on one side of a scale, & Rabbi Eleazar son of Arach was on the other side, he would outweigh them all.

MISHNA 13 Rabban Yochanan son of Zakkai asked his students, What is the best trait that a person should acquire?

Rabbi Eliezer son of Hyrkanos says, a good eye.

Rabbi Shimon son of Netanel says, to consider the outcome of your actions.

Rabbi Eleazar says, a good heart.

Rabbi Yehoshua son of Chanania says, a good friend.

Rabbi Yose the kohen says, a good neighbor.

Rabbi Yochanan son of Zakkai says, I prefer the words of Eleazar son of Arach because his words include all of yours.

MISHNA 14 Rabban Yochanan son of Zakkai asked his students, What is the evil path that a person should distance themself from?

Rabbi Eliezer son of Hyrkanos says, an evil eye.

Rabbi Yehoshua son of Chanania says, an evil friend.

Rabbi Shimon son of Netanel says, to borrow & not repay.

Rabbi Eleazar says, an evil heart.

Rabbi Yose the Kohen says an evil neighbor.

Rabbi Yochanan son of Zakkai says, I prefer the words of Eleazar son of Arach because his words include all of yours.

34

Rabbi Chanania son of Akashia says, The Holy Blessed One desired to make Israel honorable, so God gave them an abundance of Torah & commandments Like it says in Isaiah (42:21), "God wished for the benefit of Israel's righteousness that the Torah be expansive & beautiful."

All of Israel has a share in the world to come. Like it says in Isaiah (60:21), "All the people of your nation are righteous:

Chapter Three

the land is their inheritance forever, they are my planted branch, My handmade creation which brings Me glory."

MISHNA 7 Rabbi Chalafta son of Dosa of the Chanania village says, If 10 people sit together to study Torah, the Divine Presence is amongst them. It says in Psalms (82:1), "God stands in the assembly of God."

How do we know that this is also true of 5 people? It says in Amos (9:6), "He has established His vault upon earth."

What about 3? It says in Psalms (82:1), "In the midst of judges, He shall judge."

How about 2 people? It says in Malachi (3:16), "Then those who feared God spoke to one another, & God listened & heard."

What about 1? It says in Exodus (20:21), "In every place where I cause my name to be said, I will come & bless you."

MISHNA 8 Rabbi Eleazar of Bartosa says, Give to God that which is God's for all your possessions are God's. As King David says in 1 Chronicles (29:14),

Everything is from You & we give You from that which is Yours.

MISHNA 9 Rabbi Yaakov says, Someone who walks down a road studying but interrupts their study & says,

What a beautiful tree! What a beautiful field!

they are now considered to have taken their life into their hands.

MISHNA 11 Rabbi Chanina son of Dosa says,

If your fear of sin comes before your wisdom, your wisdom will last. But, if your wisdom comes before your fear of sin, your wisdom will not last.

MISHNA 12

If your good deeds go beyond your wisdom, your wisdom will last.

But if your wisdom goes beyond your good deeds, your wisdom will not last.

MISHNA 13

Anyone who pleases others is pleasing to the Always Present Spirit. But, anyone who is not pleasing to others will not be pleasing to the Always Present Spirit.

45

MISHNA 16 Rabbi Yishmael says,

Give your full attention to a leader,

Please help your brother with his homework tonight!

be pleasant to the young with dark hair,

I'm here to help if you've got any questions!

Thanks sis, I will need some help once I get to math.

& greet everyone with joy.

Hey friends!

MISHNA 17

Rabbi Akiva says, A lot of jokes & silliness can make a person used to being immoral.

Giving charity is a fence around Wealth.

Making a vow is a fence around restraint.

I vow to take a deep breath when I feel like I'm on the verge of a meltdown.

Tradition is a fence around the Torah.

THE TALMUD

Silence is a fence around wisdom.

MISHNA 18 Rabbi Akiva also says, How beloved are people, for each person is created in the image of God. As a sign of God's great love, we are told this in Genesis (9:6), "In the image of God, God made the human being." How beloved are the people of Israel, they are called the children of God.

The sign of God's great love is made known to them in Deuteronomy (14:1) "You are the children of the Lord your God."

How beloved are the people of Israel, a very special vessel was given to them. The sign of God's great love is made known to them that they have been given the special vessel that created the world. As it says in Proverbs (4:2), "I have given you a good teaching, do not forsake my Torah."

MISHNA 19 Everything is known in advance, but people are given the chance to choose.

Everything is judged with goodness, but it comes down to the majority of a person's actions.

MISHNA 20 All is given for us to borrow, & a net is spread over all life.

The shop is always open, the shopkeeper offers credit, the record book is open, & the hand writes. All who want to borrow are welcome. Every day the collection staff goes out to round up payment

OPEN

24/7!

WELCOME!

from people, whether they realize it or not. The collector have information to rely on, the judgement is a judgement of truth & everything is ready for the feast.

48

משנה

Rabbi Chanania son of Akashia says, The Holy Blessed One desired to make Israel honorable, so God gave them an abundance of Torah & commandments Like it says in Isaiah (42:21), "God wished for the benefit of Israel's righteousness that the Torah be expansive & beautiful."

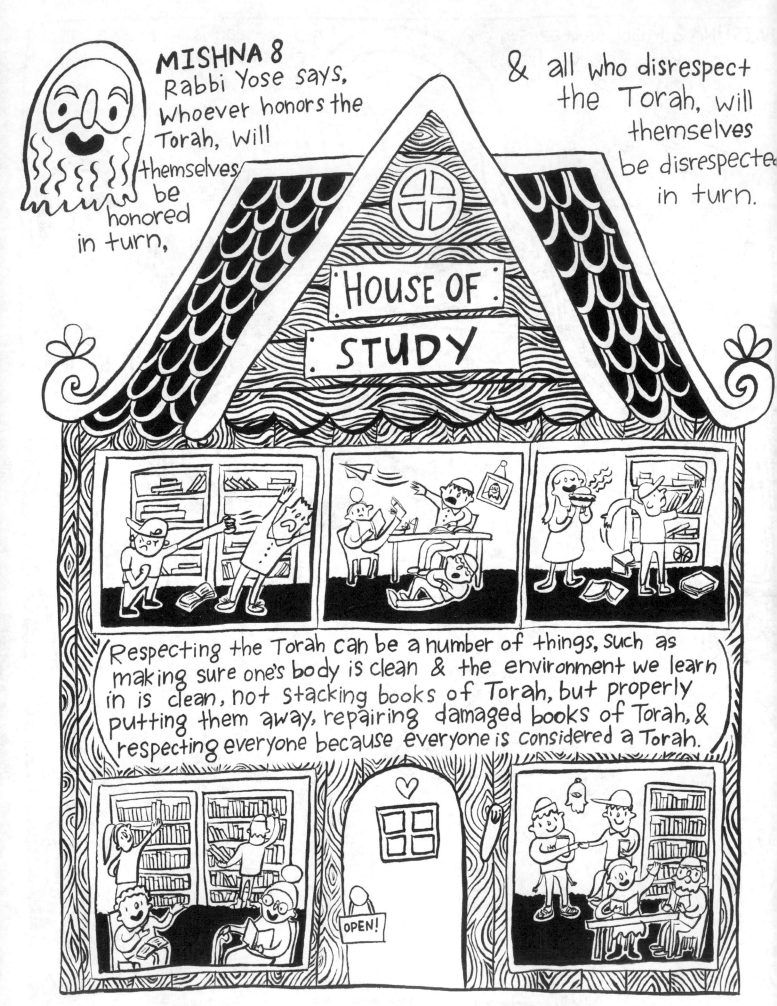

MISHNA 8
Rabbi Yose says, Whoever honors the Torah, will themselves be honored in turn,

& all who disrespect the Torah, will themselves be disrespected in turn.

HOUSE OF STUDY

Respecting the Torah can be a number of things, such as making sure one's body is clean & the environment we learn in is clean, not stacking books of Torah, but properly putting them away, repairing damaged books of Torah, & respecting everyone because everyone is considered a Torah.

OPEN!

MISHNA 9 Rabbi Yishmael son of Rabbi Yose says, Someone who avoids judgement distances themself from hatred (of the losing side of a court case), theft (if someone was judged & has to give money that they shouldn't have to), & falsehood (by making someone take an oath of honesty when they know they are wrong).

But someone who is too sure of themself, & makes quick decisions is a fool, wicked, & arrogant.

MISHNA 10 Rabbi Yishmael would also say, Don't judge alone, only God can do that. Also, don't say to the other members of the court: because they are allowed to decide as well.

MISHNA 14
Rabbi Yochanan the shoemaker says,

Groups of people that are dedicated for the cause of Heaven will have a lasting effect.

But a group of people who are not dedicated for the cause of Heaven will not have a lasting effect.

MISHNA 15 Rabbi Eleazar son of Shamua says, The honor of your student should be as dear to you as your own. The honor of your friend should be like your awe for your teacher. The awe you have for your teacher should be like the awe you have for Heaven.

MISHNA 16 Rabbi Yehuda says, Be very careful with your Torah study. Careless misinterpretation of Torah is considered a malicious act.

62

MISHNA 18

Rabbi Nehorai says, Exile yourself to a place of Torah. Don't assume that Torah will follow you or that your friends will hand it to you.

WELCOME TO YESHIVA

Don't just rely on your own perception of things.

MISHNA 19

Rabbi Yannai says, It is not in our hands to understand the tranquility of the Wicked or the suffering of the righteous.

MISHNA 20

Rabbi Mattitiah son of Cheresh says, Always be the first to say hello.

Rabbi Mattitiah son of Cheresh also says,

Be a tail to a lion,

rather than a head to foxes.

MISHNA 21 Rabbi Yaakov says, This world we are living in now is like a waiting room for the world to come. We should prepare ourselves in this world so we can enter the banquet hall (the world to come).

MISHNA 22 He also says, One hour of repentance & good deeds in the world we live in is better than all of life in the world to come.

Would you like a sandwich?

Please forgive me!

Thank you!

Sure!

Thanks for helping!

No problem!

One hour of spiritual bliss in the world to come is better than all of life in this world.

MISHNA 25 Elisha son of Avuyah says,

(Elisha son of Avuyah was a great Torah scholar who after a very intense experience left the path of Torah. Rabbi Meir, who had been Elisha's student, stayed devoted to his teacher for the rest of Elisha's life.)

MISHNA 26

Rabbi Yose son of Yehuda from Kefar ha-Bavli says,

What is it like to learn from a young person? Like eating unripe grapes & drinking unfermented wine.

The wise sages teach...

um... In the parsha it says...

What is it like to learn from old people? Like eating ripe grapes & drinking aged wine.

MISHNA 27

Rebbe (Rabbi Yehudah HaNasi) says, Don't look at the container but at what's inside of it. A new container can be filled with old wine & an old container may not even have new wine within.

Don't let the evil inclination let you think that the grave will be a reprieve for you, for against your will you are formed, & against your will you are born, & against your will you live, & against your will you die, & against your will you give a judgement & account before the King of kings, the Holy Blessed One.

תלמוד

Rabbi Chanania son of Akashia says, The Holy Blessed One desired to make Israel honorable, so God gave them an abundance of Torah & commandments Like it says in Isaiah (42:21), "God wished for the benefit of Israel's righteousness that the Torah be expansive & beautiful."

All of Israel has a share in the world to come. Like it says in Isaiah (60:21), "All the people of your nation are righteous;

Chapter Five

the land is their inheritance forever, they are my planted branch, My handmade creation which brings Me glory."

MISHNA 1 — The world was created with 10 utterances.

1. In the beginning God created the heaven & the earth. 2. Let there be light! 3. Let there be a firmament between the waters. 4. Let the waters be gathered beneath the heavens into one area. 5. Let the earth sprout vegetation of plants bringing forth seed trees of fruit yielding produce which contains its own fruit each after its own kind upon the earth. 6. Let there be lights in the sky to separate the day from the night. 7. Let the waters swarm with swarming beings of living soul, & the fowl that fly over the earth across the sky's expanse. 8. Let the earth bring forth living beings, each according to its kind. 9. Let us make people in our image according to our likeness. They shall rule over the fish of the sea, the birds of the sky, & over the animals, the whole earth & every creeping thing that walks upon the earth. 10. Be fruitful & multiply fill the earth & conquer it.

What does this teach us? Couldn't the world have been created with 1 utterance? It was created this way to get the wicked who destroy the world to pay & give reward to the righteous who keep the world going. (If the world were made only with 1 utterance it could be destroyed easily, but because it was made of 10 utterances it is not that simple to destroy entirely)

MISHNA 2

There were 10 generations from Adam to Noah to show God's patience. Each generation angered God more & more before God brought the waters of the flood on them.

1 ADAM
2 SETH
3 ENOSH
4 KENAN
5 MAHA-LALEH
6 JARED
7 ENOCH
8 METHU-SELAH
9 LAMECH
10 NOAH

MISHNA 3

There were 10 generations from Noah to Abraham to show God's patience. Each generation angered God more & more before our father Abraham arrived & received reward for them all.

1 SHEM
2 ARPACH-SHAD
3 SHELACH
4 EVER
5 PELEG
6 REU
7 SERUG
8 NACHOR
9 TERACH
10 ABRAHAM

MISHNA 4 Abraham our father was tested with 10 tests & he withstood them all. This shows the greatness of Abraham's love for God.

1. Abraham hid from Nimrod for many years.

2. He was thrown into a fiery furnace.

3. God told him to leave his homeland.

4. He was met with famine when he arrived where God told him to go.

5. His wife Sarah was taken from him twice by rulers.

6. His marriage to Hagar after not having children with Sarah.

7. God told Abraham that his children would be slaves.

8. He was circumcised at a very old age.

9. God told Abraham to sacrifice his son Isaac.

10. He was told to send Hagar & Ishmael out of his home.

STOP!

CANAAN

MISHNA 5 ⭐10⭐ miracles were done for our ancestors

1. It was completely dark for the Egyptians while there was light for the Jews.
2. There was a cloud leading the Jews that made the ground so so that it would be difficult for the Egyptians to walk.
3. The ground of the sea became dry so that it would be easy for the Jews to walk across.
4. When the Egyptians came to the sea the ground became muddy so that it would be difficult for the Egyptians to walk.

n Egypt, & there were ☼10☼ by the sea.

5. The water divided into 12 pathways, one for each tribe.
6. The water became solid & harmed the Egyptians.
7. The water formed into beautiful stacked stones.
8. The water was transparent so everyone could see each other.
9. There was sweet water to drink.
10. All the sweet water that wasn't consumed froze, so our ancestors could drink it later.

The Holy Blessed One brought 10 plagues upon the Egyptians in Egypt & 10 plagues by the sea

1. It was completely dark for the Egyptians. 2. The cloud that led the Jews made the ground soft so that it would be difficult for the Egyptians to walk through. 3. There was a fire leading the Jews that made the ground hot, injuring the Egyptians horses. 4. The wheels of the chariots were taken out. 5. It was challenging for the Egyptians to steer their chariots. 6. The Egyptians were not able to escape the sea. 7. Their bodies whirled around the sea 8. The sea swallowed the Egyptians. 9. Their bodies sank. 10. The Egyptians bodies were spread out on the shore in front of the Jews.

MISHNA 6 The Holy Blessed One tested our ancestors 10 times in the desert. As it says in Numbers (14:22), "They tested Me 10 times & did not hear My voice."

1. When the Egyptians came to the sea our ancestors cried...

Were there not enough graves in Egypt that we were brought here to die?!

2. At Marah there was bitter water, so they complained.

NO MORE BITTER WATER!

SWEET WATER NOW!

3. In the Sin desert they complained that they should have died in Egypt.

SHHH!

4. They saved manna. (they were not) allowed to

5. They collected manna on the Sabbath.

6. They complained at Rephidim when they ran out of water.

WATER NOW

7. They created the golden calf & worshipped it.

8. The people spoke evil at Taverah.

9. They complained about the manna & wanted meat.

MEAT! MEAT! MEAT!

GIANTS!

10. The people believed the negative report of the spies about Israel.

MISHNA 7 10 miracles were done for our ancestors in the Beit Hamikdash (Holy Temple).

1. No woman miscarried because of the aroma of the meat being sacrificed.

2. The meat used for sacrifices never became rotten.

3. No fly was seen in the slaughterhouse.

4. No bodily impurity ever came upon the high priest on Yom Kippur.

5. The rain never put out the fire in the woodpile on the altar.

6. The wind never overcame the column of smoke.

7. There was never a defect found in the 'omer' (a barley offering), the two loaves (given on Shavuot), or the showbread (this bread was put on a table in the Temple every Shabbat).

8. People stood very tightly packed together, but could bow with more than enough room.

9. No snake or scorpion ever harmed anyone in Jerusalem.

10. Nobody ever said to their friend "This space is too crowded for me to stay overnight in Jerusalem!"

87

MISHNA 9 There are ☼7☼ qualities of a golem (a clod), & ☼7☼ of a wise person...

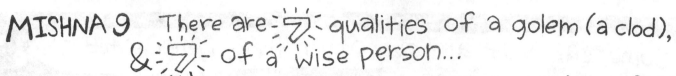

1. A wise person won't start to speak before those who are greater than them in wisdom or years.

2. They don't cut off their friends while they are speaking.

3. They don't answer questions too quickly.

4. Their questions connect directly to the topic & their responses are direct.

5. They speak of first things first & last things last.

6. On matters they have not heard of they say "I have not heard of this."

7. They acknowledge the truth.

& the opposite is true of a golem.

MISHNA 10 — There are 7 punishments for these 7 sins...

1. If only some people tithe, there is famine & drought. Some people will be starving & some will be full.

2. If everyone decides not to tithe there will be a famine caused by rioting & drought.

3. If everyone decides to stop taking 'challah' there will be a famine caused by destruction. (During the time of the Temple, whenever dough was made, a piece called 'challah' would be given to the priest. Instead we now burn a piece of dough)

MY DOUGH!

DO NOT ENTER!

4. Pestilence comes to the world when death sentences that are commanded by the Torah are not carried out, or making use of the produce from the 'shmitta' year (when the land is meant to lay fallow).

5. The sword comes to the world if justice is delayed twisted or if we make rulings that go against the Torah.

6. Wild beasts come to the world if we make untrue or unnecessary oaths, & if God's name is desecrated.

7. Exile comes to the world because of idolatry, forbidden relations & murder.

89

MISHNA 11 There are :4: periods of time (during the 7 year 'shmitta' cycle) when deathly plagues increase: in the 4th year, in the 7th year, the year after the 'shmitta' year, & every year at the end of 'Sukkot.'

1. It would happen in the 4th year because tithes were not given to the poor in the 3rd year.

2. It would happen in the 7th year because tithes were not given to the poor in the 6th year.

3. It would happen in the year after 'shmitta' because the laws of 'shmitta' were not followed.

4. It would happen every year at the end of Sukkot for robbing the poor of their gifts.

MISHNA 13 There are 4 temperaments...

1. If one is easily angered, but easily calmed, their loss is erased by their gain.

2. If one is hard to anger & hard to calm, their gain is erased by their loss.

3. If one is hard to anger, & easy to calm, they are pious.

4. If one is easily angered, & hard to calm, they are wicked.

MISHNA 14 There are 4 types of students...

1. They are quick to learn & quick to forget. The loss cancels out the gain.

2. It is difficult for them to learn & are slow to forget. The gain cancels out the loss.

3. They are quick to learn & forget slowly. This is a great portion.

4. It is difficult for them to learn & they forget fast. This is a rough portion.

MISHNA 15

There are 4 types of charity givers...

1. Someone who wants to give but doesn't want others to give. This person is jealous of other people's stuff.

2. Someone who thinks others should give but they themselves shouldn't. This person is jealous of their own stuff.

3. Someone who wants to give & wants others to give as well. This person is pious.

4. Someone who doesn't want to give & doesn't want others to give. This person is wicked

MISHNA 16 There are 4 types who go to the 'beit midrash' (house of study)...

1. Someone who goes but does not study. This person is rewarded for going.

2. Someone who studies but doesn't go to the 'beit midrash.' The reward for study is given to them.

3. Someone who goes & studies is a pious person.

4. Someone who doesn't go to the 'beit midrash' or study at all is a wicked person.

ברוכים הבאים!

BEIT MIDRASH THIS WAY →

PIZZA

CHIPS!

SODA

MISHNA 17 There are ✨4✨ types who sit before the sages: the sponge, the funnel, the strainer, & the sieve.

1. A sponge, which absorbs everything.

2. A funnel, which receives quickly from one end & drains quickly from the other.

3. A strainer, which lets the wine flow through, & only retains the sediment.

4. A sieve which lets the bad flour out & only retains the fine flour.

MISHNA 20 All who cause the masses to become meritorious, will be responsible for no sin.

& all who cause the masses to sin won't be able to do enough to repent.

Moses was meritorious & helped bring merit to the masses, so the merits of the masses are attributed to him.

Like it says in Deuteronomy (33:21), "He performed God's justice, & the decree of the nation of Israel.

Jeroboam son of Nevat sinned & caused the masses to sin, so the sins of the masses are upon him. As it says (1 Kings, 15:30), "Because of the sins of Jeroboam that he committed, & the sins he caused Israel to commit."

MISHNA 21

Anyone with the following 3 traits is a student of our father Abraham.

Anyone with the 3 opposite traits is a student of the wicked Balaam.

People with...

1. a good eye
2. humility
3. a soul that is not demanding

are students of Abraham.

People with...

1. an evil eye
2. a haughty spirit
3. a greedy soul

are students of Balaam.

What's different between the students of Abraham & the students of Balaam?

The students of Abraham take pleasure in this world & inherit the world to come, as it says in Proverbs (8:21), "To cause the ones who love me to inherit substantial amounts, & that I may fill up their treasuries." The students of Balaam inherit 'Gehinom' (Hell) & are lowered down to the well of destruction, as it says in Psalms (55:24), "& you God, will bring them down to the pit of destruction, people who shed blood, & are deceitful, will not live out half of their days, but I will trust in you."

100

MISHNA 24
Ben Bag Bag says,
Turn it & turn it,
for all is in it & grow
gray over it & don't
stir from it because
you have no
better portion
than it.

Ben Hay Hay says,
reward is in
proportion to the
effort.

שֻׁלְחָן עֲרוּך

Rabbi Chanania son of Akashia says, The Holy Blessed One desired to make Israel honorable, so God gave them an abundance of Torah & commandments Like it says in Isaiah (42:21), "God wished for the benefit of Israel's righteousness that the Torah be expansive & beautiful."

All of Israel has a share in the world to come. Like it says in Isaiah (60:21), "All the people of your nation are righteous,

Chapter Six

the land is their inheritance forever, they are my planted branch, My handmade creation which brings Me glory."

People benefit from their counsel, wisdom, insight, & strength. As it says in Proverbs (8:14) "Mine are counsel & wisdom. I am understanding, strength is mine." The Torah gives them royalty, authority, & discerning judgement.

The secrets of the Torah are revealed to them. They become an intensifying stream, an ever flowing river. They become modest, patient, forgiving of insults. The Torah makes them great & raises them above all things.

Don't read the word חָרוּת ('charut,' which means engraved), rather read it as חֵרוּת ('cherut,' which means freedom) because there is no freer person than someone who is busy with studying Torah, & all who are busy studying Torah will be elevated. As it says in Numbers (21:19),

"From 'Mattanah' (God's gift)

to 'Nachaliel' (my inheritance is God)

& from 'Nachaliel' to 'Bamot.'" (exalted places)

MISHNA 3 One who learns from their friend one chapter, one law, one verse, one saying, or even one letter, one should treat them with honor, as we see with King David who only learned from Achitophel two things & he called him his teacher, his guide, his mentor. It says in Psalms (55:14), "But it is you my equal, my teacher, my dear friend."

From this we can learn: If King David learned nothing from Achitophel except for two things yet still called him his teacher, guide, & dear friend, then one who learns from their friends one chapter, one law, one verse, one saying, or even one letter, how much more so should they treat them with honor!

Gevalt! What a beautiful teaching. Thanks for sharing!

There is no true honor except for Torah, as it says in Proverbs (3:35) "The wise will inherit honor," & in Proverbs (28:10), "Perfect people will inherit goodness."

תלמוד

אנכי ה' לא תרצח
לא יהיה לך לא תנאף
לא תשא את לא תגנב
זכור את לא תענה
כבד את לא

For there is no goodness except for Torah. As it says in Proverbs (4:2), "I have given you a good teaching, do not abandon my Torah."

MISHNA **4** This is the way of the Torah...

Eat bread with salt,

drink water in small amounts,

sleep on the ground, live a deprived life, & in the Torah you should toil.

If you do this, "You will be happy & it shall be well with you." (Psalms 128:2)

"You will be happy" in this world, "& it shall be well with you," in the world to come.

MISHNA 6 Great is the Torah, even more than the priesthood & royalty.

Royalty is acquired with **30** distinct qualifications & the priesthood is acquired with **24**, but the Torah is acquired with **48** qualifications.

48 Qualifications of Torah Receptiveness Checklist...

- ☑ STUDY!
- ☑ An attentive listener
- ☑ Articulate in speech
- ☑ Feel awe
- ☑ Have a sense of reverence
- ☑ Humility
- ☑ Joy
- ☑ purity
- ☑ Serve the sages
- ☑ Close friends
- ☑ Debate with fellow students
- ☑ Have a calm, still mind
- ☑ Knowledge of Torah
- ☑ knowledge of Mishna
- ☑ Be moderate in business
- ☑ Be moderate in work commitments
- ☑ Be moderate with pleasure
- ☑ Be moderate with sleep
- ☑ Be moderate with small talk
- ☑ Be moderate in silliness
- ☑ Be slow to anger
- ☑ A good heart
- ☑ Faith in the sages
- ☑ Stand up to challenges
- ☑ Know your place & rejoice in your portion

- ☑ Be careful with what you say
- ☑ Don't take credit
- ☑ Be beloved
- ☑ Love God
- ☑ Love others
- ☑ Love righteousness
- ☑ Love good deeds
- ☑ Love constructive criticism
- ☑ Distance yourself from honor
- ☑ Don't be arrogant about your knowledge
- ☑ Don't take pleasure in making legal rulings
- ☑ Share the burden of your friend
- ☑ Judge favorably
- ☑ Guide others to truth & peace
- ☑ Concentrate when studying
- ☑ Ask & answer questions
- ☑ Listen & contribute
- ☑ Learn so you can teach
- ☑ Learn so you can practice
- ☑ Make your teacher wiser
- ☑ Think over what you have learned
- ☑ Repeat a teaching in the name of who said it

Those who repeat a teaching in the name of the speaker bring to the world redemption. As it says in Esther (2:22), "& Esther spoke to the king in the name of Mordechai"

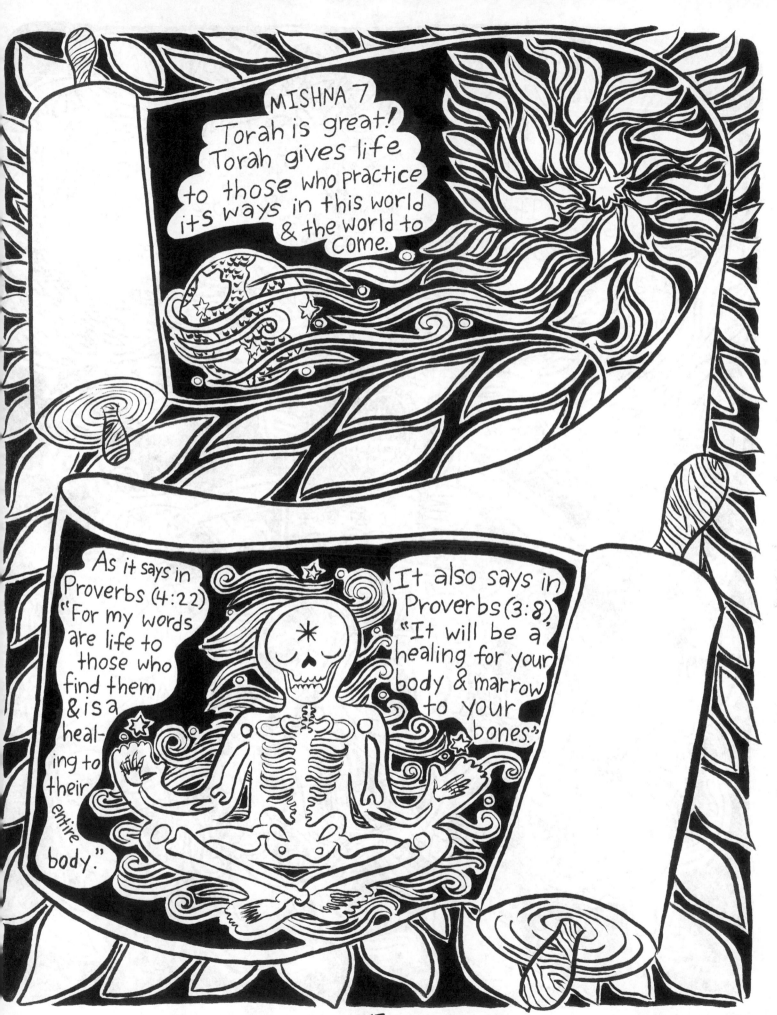

117

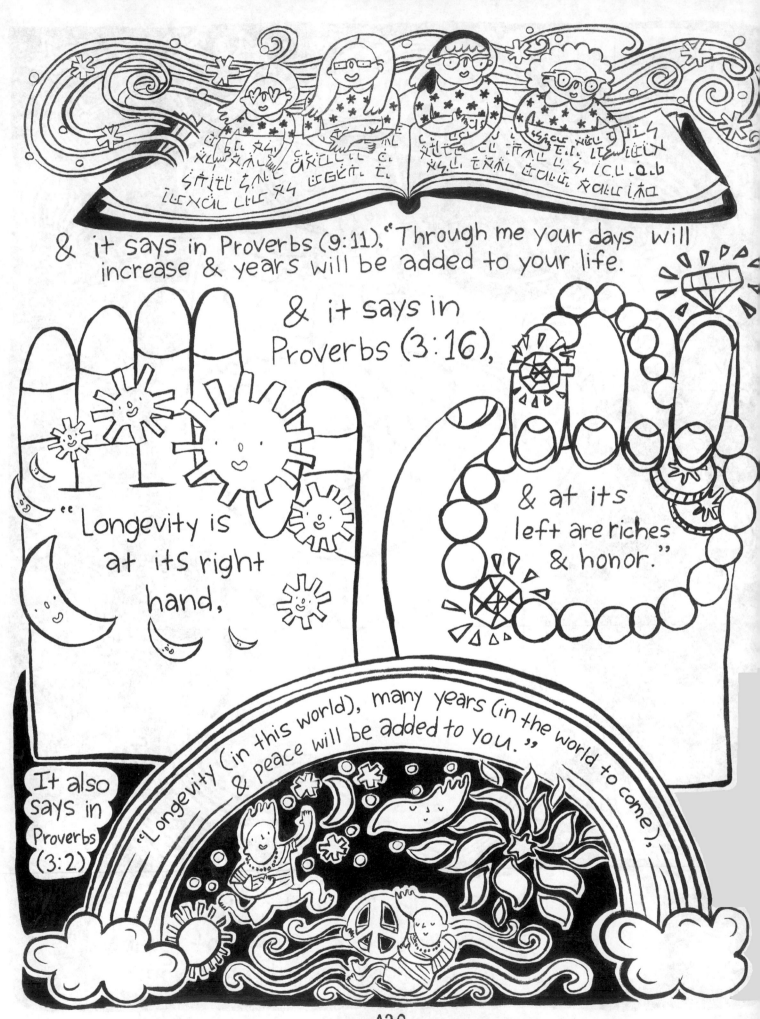

& it says in Proverbs (9:11), "Through me your days will increase & years will be added to your life.

& it says in Proverbs (3:16),

"Longevity is at its right hand,

& at its left are riches & honor."

It also says in Proverbs (3:2) "Longevity (in this world), many years (in the world to come), & peace will be added to you."

As it says in Proverbs (6:22), "When you walk it shall guide you, when you lie down it will guard you, & when you awake it shall speak for you."

"When you walk it shall guide you," in this world, "When you lie down it will guard you," in the grave, "& when you awake it shall speak for you," in the world to come.

MISHNA 10

5 possessions did the Holy Blessed One make for His own in His world, & they are:

1. The Torah — one possession   2. Heaven & earth — one possession

3. Abraham — one possession   4. The children of Israel — one possession

5. The Holy Temple — one possession

From where do we know this about the Torah? It is written in Proverbs (8:22), "God acquired me at the beginning before His first creations long ago."

From where do we know this about the Heaven & earth? It is written in Isaiah (66:1), "God says the Heaven is my throne & the earth is my footrest. What house can you make for me? & where can be the place of my rest?

It also says in Psalms (104:24), "How great are your works, God! All made with wisdom. Full is the earth with all your possessions."

125

From where do we know this about Abraham?

It is written in Genesis (14:19), "He blessed him & said 'Blessed is Abram by God the most high, Who possesses the Heaven & earth."

From where do we know this about the children of Israel? It is Written in Exodus (15:16), "Until Your nation crosses over, God, until the nation You possess crosses over."

It also says in Psalms (16:3), "To the holy ones in the land, & the mighty ones, all my delight is with them."

From where do we know this about the Holy Temple?

It is written in Exodus (15:17), "The place for Your dwelling, which You made a Temple, created with Your hands, God."

It also says in Psalms (78:54), "They were brought to the border of His Holiness, this mountain possessed through His right hand."

MISHNA 11 Everything that is created in the Holy Blessed One's world is created for the Holy One's glory. As it says in Isaiah (43:7),

"All that is created by my name is for my glory,

that I have created:

I formed,

& that I made it."

As it says in Exodus (15:18), "God shall reign forever & ever!"

Rabbi Chanania son of Akashia says, The Holy Blessed One desired to make Israel honorable, so God gave them an abundance of Torah & commandments Like it says in Isaiah (42:21), "God wished for the benefit of Israel's righteousness that the Torah be expansive & beautiful."

"כָּל יִשְׂרָאֵל יֵשׁ לָהֶם חֵלֶק לָעוֹלָם הַבָּא, שֶׁנֶּאֱמַר: (יְשַׁעְיָה, ס:כא) "וְעַמֵּךְ כֻּלָּם צַדִּיקִים, לְעוֹלָם יִירְשׁוּ אָרֶץ, נֵצֶר מַטָּעַי, מַעֲשֵׂה יָדַי לְהִתְפָּאֵר."

פרק ראשון

א. מֹשֶׁה קִבֵּל תּוֹרָה מִסִּינַי, וּמְסָרָהּ לִיהוֹשֻׁעַ, וִיהוֹשֻׁעַ לִזְקֵנִים, וּזְקֵנִים לִנְבִיאִים, וּנְבִיאִים מְסָרוּהָ לְאַנְשֵׁי כְנֶסֶת הַגְּדוֹלָה. הֵם אָמְרוּ שְׁלֹשָׁה דְבָרִים: הֱווּ מְתוּנִים בַּדִּין, וְהַעֲמִידוּ תַלְמִידִים הַרְבֵּה, וַעֲשׂוּ סְיָג לַתּוֹרָה. ב. שִׁמְעוֹן הַצַּדִּיק הָיָה מִשְּׁיָרֵי כְנֶסֶת הַגְּדוֹלָה. הוּא הָיָה אוֹמֵר: עַל שְׁלֹשָׁה דְבָרִים הָעוֹלָם עוֹמֵד: עַל הַתּוֹרָה, וְעַל הָעֲבוֹדָה, וְעַל גְּמִילוּת חֲסָדִים. ג. אַנְטִיגְנוֹס אִישׁ סוֹכוֹ קִבֵּל מִשִּׁמְעוֹן הַצַּדִּיק הוּא הָיָה אוֹמֵר: אַל תִּהְיוּ כַעֲבָדִים הַמְשַׁמְּשִׁין אֶת הָרַב עַל מְנָת לְקַבֵּל פְּרָס. אֶלָּא הֱווּ כַעֲבָדִים הַמְשַׁמְּשִׁין אֶת הָרַב שֶׁלֹּא עַל מְנָת לְקַבֵּל פְּרָס. וִיהִי מוֹרָא שָׁמַיִם עֲלֵיכֶם. ד. יוֹסֵי בֶּן יוֹעֶזֶר אִישׁ צְרֵדָה וְיוֹסֵי בֶּן יוֹחָנָן אִישׁ יְרוּשָׁלַיִם קִבְּלוּ מֵהֶם. יוֹסֵי בֶּן יוֹעֶזֶר אִישׁ צְרֵדָה אוֹמֵר: יְהִי בֵיתְךָ בֵּית וַעַד לַחֲכָמִים, וֶהֱוֵי מִתְאַבֵּק בַּעֲפַר רַגְלֵיהֶם, וֶהֱוֵי שׁוֹתֶה בְצָמָא אֶת דִּבְרֵיהֶם. ה. יוֹסֵי בֶּן יוֹחָנָן אִישׁ יְרוּשָׁלַיִם אוֹמֵר: יְהִי בֵיתְךָ פָתוּחַ לִרְוָחָה, וְיִהְיוּ עֲנִיִּים בְּנֵי בֵיתֶךָ, וְאַל תַּרְבֶּה שִׂיחָה עִם הָאִשָּׁה. בְּאִשְׁתּוֹ אָמְרוּ קַל וָחֹמֶר בְּאֵשֶׁת חֲבֵרוֹ. מִכָּאן אָמְרוּ חֲכָמִים: כָּל הַמַּרְבֶּה שִׂיחָה עִם הָאִשָּׁה, גּוֹרֵם רָעָה לְעַצְמוֹ, וּבוֹטֵל מִדִּבְרֵי תוֹרָה, וְסוֹפוֹ יוֹרֵשׁ גֵּיהִנֹּם. ו. יְהוֹשֻׁעַ בֶּן פְּרַחְיָה וְנִתַּאי הָאַרְבֵּלִי קִבְּלוּ מֵהֶם. יְהוֹשֻׁעַ בֶּן פְּרַחְיָה אוֹמֵר: עֲשֵׂה לְךָ רַב, וּקְנֵה לְךָ חָבֵר, וֶהֱוֵי דָן אֶת כָּל הָאָדָם לְכַף זְכוּת. ז. נִתַּאי הָאַרְבֵּלִי אוֹמֵר: הַרְחֵק מִשָּׁכֵן רָע, וְאַל תִּתְחַבֵּר לָרָשָׁע, וְאַל תִּתְיָאֵשׁ מִן הַפֻּרְעָנוּת. ח. יְהוּדָה בֶּן טַבַּאי וְשִׁמְעוֹן בֶּן שָׁטָח קִבְּלוּ מֵהֶם. יְהוּדָה בֶּן טַבַּאי אוֹמֵר: אַל תַּעַשׂ עַצְמְךָ כְּעוֹרְכֵי הַדַּיָּנִין, וּכְשֶׁיִּהְיוּ בַּעֲלֵי הַדִּין עוֹמְדִים לְפָנֶיךָ, יִהְיוּ בְעֵינֶיךָ

כְּרֶשָׁעִים. וּכְשֶׁנִּפְטָרִים מִלְּפָנֶיךָ, יִהְיוּ בְעֵינֶיךָ כְּזַכָּאִין, כְּשֶׁקִּבְּלוּ עֲלֵיהֶם אֶת הַדִּין. ‏יֹ‏.‏ שִׁמְעוֹן בֶּן שָׁטַח אוֹמֵר: הֱוֵי מַרְבֶּה לַחֲקוֹר אֶת הָעֵדִים, וֶהֱוֵי זָהִיר בִּדְבָרֶיךָ, שֶׁמָּא מִתּוֹכָם יִלְמְדוּ לְשַׁקֵּר. ‏יֹא‏.‏ שְׁמַעְיָה וְאַבְטַלְיוֹן קִבְּלוּ מֵהֶם. שְׁמַעְיָה אוֹמֵר: אֱהֹב אֶת הַמְּלָאכָה, וּשְׂנָא אֶת הָרַבָּנוּת, וְאַל תִּתְוַדַּע לָרְשׁוּת. ‏יֹא‏.‏ אַבְטַלְיוֹן אוֹמֵר: חֲכָמִים, הִזָּהֲרוּ בְדִבְרֵיכֶם, שֶׁמָּא תָּחוּבוּ חוֹבַת גָּלוּת וְתִגְלוּ לִמְקוֹם מַיִם הָרָעִים, וְיִשְׁתּוּ הַתַּלְמִידִים הַבָּאִים אַחֲרֵיכֶם וְיָמוּתוּ, וְנִמְצָא שֵׁם שָׁמַיִם מִתְחַלֵּל. ‏יֹב‏.‏ הִלֵּל וְשַׁמַּאי קִבְּלוּ מֵהֶם. הִלֵּל אוֹמֵר: הֱוֵי מִתַּלְמִידָיו שֶׁל אַהֲרֹן, אוֹהֵב שָׁלוֹם וְרוֹדֵף שָׁלוֹם, אוֹהֵב אֶת הַבְּרִיּוֹת וּמְקָרְבָן לַתּוֹרָה. ‏יֹג‏.‏ הוּא הָיָה אוֹמֵר: נְגַד שְׁמָא אֲבַד שְׁמֵהּ, וּדְלָא מוֹסִיף יָסֵף, וּדְלָא יָלִיף קְטָלָא חַיָּב, וּדְאִשְׁתַּמֵּשׁ בְּתַגָּא חֲלָף. ‏יֹד‏.‏ הוּא הָיָה אוֹמֵר: אִם אֵין אֲנִי לִי, מִי לִי? וּכְשֶׁאֲנִי לְעַצְמִי, מָה אֲנִי? וְאִם לֹא עַכְשָׁו, אֵימָתַי? ‏טֹו‏.‏ שַׁמַּאי אוֹמֵר: עֲשֵׂה תּוֹרָתְךָ קֶבַע, אֱמוֹר מְעַט וַעֲשֵׂה הַרְבֵּה, וֶהֱוֵי מְקַבֵּל אֶת כָּל הָאָדָם בְּסֵבֶר פָּנִים יָפוֹת. ‏טֹז‏.‏ רַבָּן גַּמְלִיאֵל אוֹמֵר: עֲשֵׂה לְךָ רַב, וְהִסְתַּלֵּק מִן הַסָּפֵק, וְאַל תַּרְבֶּה לְעַשֵּׂר אוֹמָדוֹת. ‏יֹז‏.‏ שִׁמְעוֹן בְּנוֹ אוֹמֵר: כָּל יָמַי גָּדַלְתִּי בֵּין הַחֲכָמִים, וְלֹא מָצָאתִי לַגּוּף טוֹב אֶלָּא שְׁתִיקָה, וְלֹא הַמִּדְרָשׁ הוּא הָעִקָּר, אֶלָּא הַמַּעֲשֶׂה, וְכָל הַמַּרְבֶּה דְבָרִים מֵבִיא חֵטְא. ‏יֹח‏.‏ רַבָּן שִׁמְעוֹן בֶּן גַּמְלִיאֵל אוֹמֵר: עַל שְׁלֹשָׁה דְבָרִים הָעוֹלָם עוֹמֵד: עַל הַדִּין וְעַל הָאֱמֶת וְעַל הַשָּׁלוֹם שֶׁנֶּאֱמַר (זכריה ח:טז) "אֱמֶת וּמִשְׁפַּט שָׁלוֹם שִׁפְטוּ בְּשַׁעֲרֵיכֶם".

פֶּרֶק שֵׁנִי

‏א‏.‏ רַבִּי אוֹמֵר: אֵיזוֹהִי דֶרֶךְ יְשָׁרָה שֶׁיָּבוֹר לוֹ הָאָדָם? כָּל שֶׁהִיא תִפְאֶרֶת לְעֹשָׂהּ וְתִפְאֶרֶת לוֹ מִן הָאָדָם וֶהֱוֵי זָהִיר בְּמִצְוָה קַלָּה כְּבַחֲמוּרָה. שֶׁאֵין אַתָּה יוֹדֵעַ מַתַּן שְׂכָרָן שֶׁל מִצְוֹת. וֶהֱוֵי מְחַשֵּׁב הֶפְסֵד מִצְוָה כְּנֶגֶד שְׂכָרָהּ. וּשְׂכַר עֲבֵרָה כְּנֶגֶד הֶפְסֵדָהּ. וְהִסְתַּכֵּל בִּשְׁלֹשָׁה דְבָרִים. וְאִי אַתָּה בָא לִידֵי עֲבֵרָה, דַּע מַה לְמַעְלָה מִמְּךָ. עַיִן

רוֹאָה, וְאֹזֶן שׁוֹמַעַת, וְכָל מַעֲשֶׂיךָ בְּסֵפֶר נִכְתָּבִין. ב. רַבָּן גַּמְלִיאֵל בְּנוֹ שֶׁל רַבִּי יְהוּדָה הַנָּשִׂיא אוֹמֵר: יָפֶה תַלְמוּד תּוֹרָה עִם דֶּרֶךְ אֶרֶץ. שֶׁיְּגִיעַת שְׁנֵיהֶם מְשַׁכַּחַת עָוֹן. וְכָל תּוֹרָה שֶׁאֵין עִמָּהּ מְלָאכָה סוֹפָהּ בְּטֵלָה וְגוֹרֶרֶת עָוֹן. וְכָל הָעֲמֵלִים עִם הַצִּבּוּר יִהְיוּ עֲמֵלִים עִמָּהֶם לְשֵׁם שָׁמַיִם שֶׁזְּכוּת אֲבוֹתָם מְסַיַּעְתָּן, וְצִדְקָתָם עוֹמֶדֶת לָעַד. וְאַתֶּם, מַעֲלֶה אֲנִי עֲלֵיכֶם שָׂכָר הַרְבֵּה כְּאִלּוּ עֲשִׂיתֶם.

ג. הֱווּ זְהִירִין בָּרָשׁוּת. שֶׁאֵין מְקָרְבִין לוֹ לָאָדָם אֶלָּא לְצֹרֶךְ עַצְמָן, נִרְאִין כְּאוֹהֲבִין בִּשְׁעַת הֲנָאָתָן, וְאֵין עוֹמְדִין לוֹ לָאָדָם בִּשְׁעַת דָּחְקוֹ. ד. הוּא הָיָה אוֹמֵר: עֲשֵׂה רְצוֹנוֹ כִּרְצוֹנֶךָ, כְּדֵי שֶׁיַּעֲשֶׂה רְצוֹנְךָ כִּרְצוֹנוֹ. בַּטֵּל רְצוֹנְךָ מִפְּנֵי רְצוֹנוֹ, כְּדֵי שֶׁיְּבַטֵּל רְצוֹן אֲחֵרִים מִפְּנֵי רְצוֹנֶךָ. ה. הִלֵּל אוֹמֵר: אַל תִּפְרשׁ מִן הַצִּבּוּר, וְאַל תַּאֲמִין בְּעַצְמְךָ עַד יוֹם מוֹתְךָ, וְאַל תָּדִין אֶת חֲבֵרְךָ עַד שֶׁתַּגִּיעַ לִמְקוֹמוֹ, וְאַל תֹּאמַר דָּבָר שֶׁאִי אֶפְשָׁר לִשְׁמוֹעַ, שֶׁסּוֹפוֹ לְהִשָּׁמַע. וְאַל תֹּאמַר לִכְשֶׁאֶפָּנֶה אֶשְׁנֶה, שֶׁמָּא לֹא תִפָּנֶה. ו. הוּא הָיָה אוֹמֵר: אֵין בּוּר יְרֵא חֵטְא וְלֹא עַם הָאָרֶץ חָסִיד. וְלֹא הַבַּיְשָׁן לָמֵד. וְלֹא הַקַּפְדָן מְלַמֵּד. וְלֹא כָּל הַמַּרְבֶּה בִסְחוֹרָה מַחְכִּים. וּבְמָקוֹם שֶׁאֵין אֲנָשִׁים, הִשְׁתַּדֵּל לִהְיוֹת אִישׁ. ז. אַף הוּא רָאָה גֻלְגֹּלֶת אַחַת שֶׁצָּפָה עַל פְּנֵי הַמַּיִם. אָמַר לָהּ: "עַל דַּאֲטֵפְתְּ אַטְפוּךְ וְסוֹף מְטַיְּפַיִךְ יְטוּפוּן." ח. הוּא הָיָה אוֹמֵר: מַרְבֶּה בָשָׂר, מַרְבֶּה רִמָּה, מַרְבֶּה נְכָסִים, מַרְבֶּה דְאָגָה, מַרְבֶּה נָשִׁים, מַרְבֶּה כְשָׁפִים, מַרְבֶּה שְׁפָחוֹת מַרְבֶּה זִמָּה, מַרְבֶּה עֲבָדִים, מַרְבֶּה גָזֵל. מַרְבֶּה תוֹרָה, מַרְבֶּה חַיִּים. מַרְבֶּה יְשִׁיבָה, מַרְבֶּה חָכְמָה, מַרְבֶּה עֵצָה, מַרְבֶּה תְבוּנָה. מַרְבֶּה צְדָקָה, מַרְבֶּה שָׁלוֹם. קָנָה שֵׁם טוֹב קָנָה לְעַצְמוֹ, קָנָה לוֹ דִבְרֵי תוֹרָה, קָנָה לוֹ חַיֵּי הָעוֹלָם הַבָּא. ט. רַבָּן יוֹחָנָן בֶּן זַכַּאי קִבֵּל מֵהִלֵּל וּמִשַּׁמַּאי. הוּא הָיָה אוֹמֵר: אִם לָמַדְתָּ תּוֹרָה הַרְבֵּה, אַל תַּחֲזִיק טוֹבָה לְעַצְמְךָ. כִּי לְכָךְ נוֹצָרְתָּ. י. חֲמִשָּׁה תַלְמִידִים הָיוּ לוֹ לְרַבָּן יוֹחָנָן בֶּן זַכַּאי. וְאֵלּוּ הֵן: רַבִּי אֱלִיעֶזֶר בֶּן הֻרְקָנוֹס, וְרַבִּי

יְהוֹשֻׁעַ בֶּן חֲנַנְיָה, רַבִּי וְיוֹסֵי הַכֹּהֵן, וְרַבִּי שִׁמְעוֹן בֶּן נְתַנְאֵל, וְרַבִּי
אֶלְעָזָר בֶּן עֲרָךְ. יָא. הוּא הָיָה מוֹנֶה שְׁבָחָן: אֱלִיעֶזֶר בֶּן הֻרְקָנוֹס, בּוֹר
סוּד שֶׁאֵינוֹ מְאַבֵּד טִפָּה, יְהוֹשֻׁעַ בֶּן חֲנַנְיָא, אַשְׁרֵי יוֹלַדְתּוֹ, יוֹסֵי
הַכֹּהֵן, חָסִיד, שִׁמְעוֹן בֶּן נְתַנְאֵל, יְרֵא חֵטְא, וְאֶלְעָזָר בֶּן עֲרָךְ, מַעְיָן
הַמִּתְגַּבֵּר. יָב. הוּא הָיָה אוֹמֵר: אִם יִהְיוּ כָּל חַכְמֵי יִשְׂרָאֵל בְּכַף
מֹאזְנַיִם, וֶאֱלִיעֶזֶר בֶּן הֻרְקָנוֹס בְּכַף שְׁנִיָּה, מַכְרִיעַ אֶת כֻּלָּם. אַבָּא
שָׁאוּל אוֹמֵר מִשְּׁמוֹ: אִם יִהְיוּ כָּל חַכְמֵי יִשְׂרָאֵל בְּכַף מֹאזְנַיִם,
וֶאֱלִיעֶזֶר בֶּן הֻרְקָנוֹס אַף עִמָּהֶם וְאֶלְעָזָר בֶּן עֲרָךְ בְּכַף שְׁנִיָּה, מַכְרִיעַ
אֶת כֻּלָּם. יָג. אָמַר לָהֶם: צְאוּ וּרְאוּ אֵיזוֹהִי דֶּרֶךְ יְשָׁרָה
שֶׁיִּדְבַּק בָּהּ הָאָדָם. רַבִּי אֱלִיעֶזֶר אוֹמֵר: עַיִן טוֹבָה. רַבִּי יְהוֹשֻׁעַ
אוֹמֵר: חָבֵר טוֹב. רַבִּי יוֹסֵי אוֹמֵר: שָׁכֵן טוֹב. רַבִּי שִׁמְעוֹן אוֹמֵר:
הָרוֹאֶה אֶת הַנּוֹלָד. רַבִּי אֶלְעָזָר אוֹמֵר: לֵב טוֹב. אָמַר לָהֶם, רוֹאֶה
אֲנִי אֶת דִּבְרֵי אֶלְעָזָר בֶּן עֲרָךְ מִדִּבְרֵיכֶם, שֶׁבִּכְלַל דְּבָרָיו דִּבְרֵיכֶם.
יָד. אָמַר לָהֶם: צְאוּ וּרְאוּ אֵיזוֹהִי דֶּרֶךְ רָעָה שֶׁיִּתְרַחֵק מִמֶּנָּה
הָאָדָם. רַבִּי אֱלִיעֶזֶר אוֹמֵר: עַיִן רָעָה. רַבִּי יְהוֹשֻׁעַ אוֹמֵר: חָבֵר רָע.
רַבִּי יוֹסֵי אוֹמֵר: שָׁכֵן רָע. רַבִּי שִׁמְעוֹן אוֹמֵר: הַלּוֶֹה וְאֵינוֹ מְשַׁלֵּם. אֶחָד
הַלּוֶֹה מִן הָאָדָם כְּלוֶֹה מִן הַמָּקוֹם. שֶׁנֶּאֱמַר (תְּהִלִּים לז: כא) "לֹוֶה רָשָׁע
וְלֹא יְשַׁלֵּם, וְצַדִּיק חוֹנֵן וְנוֹתֵן" רַבִּי אֶלְעָזָר אוֹמֵר: לֵב רָע. אָמַר
לָהֶם: רוֹאֶה אֲנִי אֶת דִּבְרֵי אֶלְעָזָר בֶּן עֲרָךְ מִדִּבְרֵיכֶם, שֶׁבִּכְלַל
דְּבָרָיו דִּבְרֵיכֶם. טו. הֵם אָמְרוּ שְׁלֹשָׁה דְבָרִים. רַבִּי אֱלִיעֶזֶר
אוֹמֵר: יְהִי כְבוֹד חֲבֵרְךָ חָבִיב עָלֶיךָ כְּשֶׁלָּךְ. וְאַל תְּהִי נוֹחַ לִכְעֹס,
וְשׁוּב יוֹם אֶחָד לִפְנֵי מִיתָתְךָ, וֶהֱוֵי מִתְחַמֵּם כְּנֶגֶד אוּרָן שֶׁל
חֲכָמִים, וֶהֱוֵי זָהִיר בְּגַחַלְתָּן שֶׁלֹּא תִכָּוֶה, שֶׁנְּשִׁיכָתָן נְשִׁיכַת שׁוּעָל,
וַעֲקִיצָתָן עֲקִיצַת עַקְרָב, וּלְחִישָׁתָן לְחִישַׁת שָׂרָף, וְכָל דִּבְרֵיהֶם
כְּגַחֲלֵי אֵשׁ. טז. רַבִּי יְהוֹשֻׁעַ אוֹמֵר: עַיִן הָרָע, וְיֵצֶר הָרָע, וְשִׂנְאַת
הַבְּרִיּוֹת מוֹצִיאִין אֶת הָאָדָם מִן הָעוֹלָם. יז. רַבִּי יוֹסֵי אוֹמֵר: יְהִי
מָמוֹן חֲבֵרְךָ חָבִיב עָלֶיךָ כְּשֶׁלָּךְ. וְהַתְקֵן עַצְמְךָ לִלְמוֹד תּוֹרָה,
שֶׁאֵינָה יְרֻשָּׁה לָךְ, וְכָל מַעֲשֶׂיךָ יִהְיוּ לְשֵׁם שָׁמַיִם. יח. רַבִּי
שִׁמְעוֹן אוֹמֵר: הֱוֵי זָהִיר בִּקְרִיאַת שְׁמַע וּבִתְפִלָּה, וּכְשֶׁאַתָּה מִתְפַּלֵּל
אַל תַּעַשׂ תְּפִלָּתְךָ קֶבַע, אֶלָּא רַחֲמִים וְתַחֲנוּנִים לִפְנֵי הַמָּקוֹם.

שֶׁנֶּאֱמַר (יוֹאֵל ב' י"ג) "כִּי חַנּוּן וְרַחוּם הוּא אֶרֶךְ אַפַּיִם וְרַב חֶסֶד וְנִחָם עַל הָרָעָה." וְאַל תְּהִי רָשָׁע בִּפְנֵי עַצְמֶךָ. י"ט. רַבִּי אֶלְעָזָר אוֹמֵר: הֱוֵי שָׁקוּד לִלְמוֹד תּוֹרָה, וְדַע מַה שֶּׁתָּשִׁיב לָאֶפִּיקוֹרוֹס, וְדַע לִפְנֵי מִי אַתָּה עָמֵל. וְנֶאֱמָן הוּא בַּעַל מְלַאכְתְּךָ, שֶׁיְּשַׁלֶּם לְךָ שְׂכַר פְּעֻלָּתְךָ. כ. רַבִּי טַרְפוֹן אוֹמֵר: הַיּוֹם קָצָר וְהַמְּלָאכָה מְרֻבָּה, וְהַפּוֹעֲלִים עֲצֵלִים, וְהַשָּׂכָר הַרְבֵּה, וּבַעַל הַבַּיִת דּוֹחֵק. כ"א. הוּא הָיָה אוֹמֵר: לֹא עָלֶיךָ הַמְּלָאכָה לִגְמוֹר, וְלֹא אַתָּה בֶן חֹרִין לִבָּטֵל מִמֶּנָּה, אִם לָמַדְתָּ תּוֹרָה הַרְבֵּה, נוֹתְנִים לְךָ שָׂכָר הַרְבֵּה. וְנֶאֱמָן הוּא בַּעַל מְלַאכְתְּךָ, שֶׁיְּשַׁלֶּם לְךָ שְׂכַר פְּעֻלָּתְךָ. וְדַע מַתַּן שְׂכָרָן שֶׁל צַדִּיקִים לֶעָתִיד לָבֹא.

פרק שלישי

א. עֲקַבְיָא בֶּן מַהֲלַלְאֵל אוֹמֵר: הִסְתַּכֵּל בִּשְׁלֹשָׁה דְבָרִים וְאִי אַתָּה בָא לִידֵי עֲבֵרָה: דַּע מֵאַיִן בָּאתָ, וּלְאָן אַתָּה הוֹלֵךְ, וְלִפְנֵי מִי אַתָּה עָתִיד לִתֵּן דִּין וְחֶשְׁבּוֹן. מֵאַיִן בָּאתָ? מִטִּפָּה סְרוּחָה. וּלְאָן אַתָּה הוֹלֵךְ? לִמְקוֹם עָפָר, רִמָּה וְתוֹלֵעָה. וְלִפְנֵי מִי אַתָּה עָתִיד לִתֵּן דִּין וְחֶשְׁבּוֹן? לִפְנֵי מֶלֶךְ מַלְכֵי הַמְּלָכִים הַקָּדוֹשׁ בָּרוּךְ הוּא. ב. רַבִּי חֲנִינָא סְגָן הַכֹּהֲנִים אוֹמֵר: הֱוֵי מִתְפַּלֵּל בִּשְׁלוֹמָהּ שֶׁל מַלְכוּת שֶׁאִלְמָלֵא מוֹרָאָהּ, אִישׁ אֶת רֵעֵהוּ חַיִּים בְּלָעוּ. ג. רַבִּי חֲנִינָא בֶּן תְּרַדְיוֹן אוֹמֵר: שְׁנַיִם שֶׁיּוֹשְׁבִין וְאֵין בֵּינֵיהֶם דִּבְרֵי תוֹרָה, הֲרֵי זֶה מוֹשַׁב לֵצִים, שֶׁנֶּאֱמַר (תְּהִלִּים א' א') "וּבְמוֹשַׁב לֵצִים לֹא יָשָׁב." אֲבָל שְׁנַיִם שֶׁיּוֹשְׁבִין וְיֵשׁ בֵּינֵיהֶם דִּבְרֵי תוֹרָה, שְׁכִינָה בֵּינֵיהֶם, שֶׁנֶּאֱמַר (מַלְאָכִי ג' ט"ז) "אָז נִדְבְּרוּ יִרְאֵי ה' אִישׁ אֶל רֵעֵהוּ, וַיַּקְשֵׁב ה' וַיִּשְׁמָע, וַיִּכָּתֵב סֵפֶר זִכָּרוֹן לְפָנָיו, לְיִרְאֵי ה'

וּלְחַשְׁבֵי שְׁמוֹ." "אֵין לִי אֶלָּא שְׁנַיִם, מִנַּיִן שֶׁאֲפִילוּ אֶחָד שֶׁיּוֹשֵׁב וְעוֹסֵק בַּתּוֹרָה, שֶׁהַקָּדוֹשׁ בָּרוּךְ הוּא קוֹבֵעַ לוֹ שָׂכָר? שֶׁנֶּאֱמַר (איכה ג:כח) "יֵשֵׁב בָּדָד וְיִדֹּם כִּי נָטַל עָלָיו."

ד. רַבִּי שִׁמְעוֹן אוֹמֵר: שְׁלֹשָׁה שֶׁאָכְלוּ עַל שֻׁלְחָן אֶחָד וְלֹא אָמְרוּ עָלָיו דִּבְרֵי תוֹרָה, כְּאִלּוּ אָכְלוּ מִזִּבְחֵי מֵתִים, שֶׁנֶּאֱמַר (ישעיה כח:ח) "כִּי כָּל שֻׁלְחָנוֹת מָלְאוּ קִיא צוֹאָה, בְּלִי מָקוֹם." אֲבָל שְׁלֹשָׁה שֶׁאָכְלוּ עַל שֻׁלְחָן אֶחָד וְאָמְרוּ עָלָיו דִּבְרֵי תוֹרָה, כְּאִלּוּ אָכְלוּ מִשֻּׁלְחָנוֹ שֶׁל הַמָּקוֹם, שֶׁנֶּאֱמַר (יחזקאל מא:כב) "וַיְדַבֵּר אֵלַי, זֶה הַשֻּׁלְחָן אֲשֶׁר לִפְנֵי ה'." ה. רַבִּי חֲנִינָא בֶּן חֲכִינַאי אוֹמֵר: הַנֵּעוֹר בַּלַּיְלָה, וְהַמְהַלֵּךְ בַּדֶּרֶךְ יְחִידִי, וּמְפַנֶּה לִבּוֹ לְבַטָּלָה הֲרֵי זֶה מִתְחַיֵּב בְּנַפְשׁוֹ. ו. רַבִּי נְחוּנְיָא בֶּן הַקָּנָה אוֹמֵר: כָּל הַמְקַבֵּל עָלָיו עֹל תּוֹרָה, מַעֲבִירִין מִמֶּנּוּ עֹל מַלְכוּת וְעֹל דֶּרֶךְ אֶרֶץ, וְכָל הַפּוֹרֵק מִמֶּנּוּ עֹל תּוֹרָה, נוֹתְנִין עָלָיו עֹל מַלְכוּת וְעֹל דֶּרֶךְ אֶרֶץ.

ז. רַבִּי חֲלַפְתָּא בֶּן דּוֹסָא אִישׁ כְּפַר חֲנַנְיָא אוֹמֵר: עֲשָׂרָה שֶׁיּוֹשְׁבִין וְעוֹסְקִין בַּתּוֹרָה, שְׁכִינָה שְׁרוּיָה בֵּינֵיהֶם, שֶׁנֶּאֱמַר (תהילים פב:א), "אֱלֹהִים נִצָּב בַּעֲדַת אֵל." וּמִנַּיִן אֲפִילוּ חֲמִשָּׁה? שֶׁנֶּאֱמַר (עמוס ט:ו) "וַאֲגֻדָּתוֹ עַל אֶרֶץ יְסָדָהּ." וּמִנַּיִן אֲפִילוּ שְׁלֹשָׁה? שֶׁנֶּאֱמַר (תהילים פב:א), "בְּקֶרֶב אֱלֹהִים יִשְׁפֹּט." וּמִנַּיִן אֲפִילוּ שְׁנַיִם? שֶׁנֶּאֱמַר (מלאכי ג:טז) "אָז נִדְבְּרוּ יִרְאֵי ה' אִישׁ אֶל רֵעֵהוּ וַיַּקְשֵׁב ה' וַיִּשְׁמָע." וּמִנַּיִן אֲפִילוּ אֶחָד? שֶׁנֶּאֱמַר (שמות כ:כ) "בְּכָל הַמָּקוֹם אֲשֶׁר אַזְכִּיר אֶת שְׁמִי, אָבוֹא אֵלֶיךָ וּבֵרַכְתִּיךָ." ח. רַבִּי אֶלְעָזָר אִישׁ בַּרְתּוֹתָא אוֹמֵר: תֶּן לוֹ מִשֶּׁלּוֹ, שֶׁאַתָּה וְשֶׁלְּךָ שֶׁלּוֹ, וְכֵן בְּדָוִד הוּא אוֹמֵר (דברי הימים א כט:יד): "כִּי מִמְּךָ הַכֹּל, וּמִיָּדְךָ נָתַנּוּ לָךְ." ט. רַבִּי יַעֲקֹב אוֹמֵר: הַמְהַלֵּךְ בַּדֶּרֶךְ וְשׁוֹנֶה, וּמַפְסִיק מִמִּשְׁנָתוֹ, וְאוֹמֵר: "מַה נָּאֶה אִילָן זֶה! וּמַה נָּאֶה נִיר זֶה!" מַעֲלֶה עָלָיו הַכָּתוּב כְּאִלּוּ מִתְחַיֵּב בְּנַפְשׁוֹ. י. רַבִּי דּוֹסְתַּאי בַּר יַנַּאי מִשּׁוּם רַבִּי מֵאִיר אוֹמֵר: כָּל הַשּׁוֹכֵחַ דָּבָר אֶחָד מִמִּשְׁנָתוֹ, מַעֲלֶה עָלָיו הַכָּתוּב כְּאִלּוּ מִתְחַיֵּב בְּנַפְשׁוֹ, שֶׁנֶּאֱמַר

(דְּבָרִים ד:ט). "רַק הִשָּׁמֶר לְךָ, וּשְׁמֹר נַפְשְׁךָ מְאֹד, פֶּן תִּשְׁכַּח אֶת הַדְּבָרִים אֲשֶׁר רָאוּ עֵינֶיךָ." יָכוֹל אֲפִילוּ תְּקַפָה עָלָיו מִשְׁנָתוֹ? תַּלְמוּד לוֹמַר (דברים ד:ט): "וּפֶן יָסוּרוּ מִלְּבָבְךָ כֹּל יְמֵי חַיֶּיךָ." הָא אֵינוֹ מִתְחַיֵּב בְּנַפְשׁוֹ עַד שֶׁיֵּשֵׁב וִיסִירֵם מִלִּבּוֹ. יא. רַבִּי חֲנִינָא בֶּן דּוֹסָא אוֹמֵר: כָּל שֶׁיִּרְאַת חֶטְאוֹ קוֹדֶמֶת לְחָכְמָתוֹ, חָכְמָתוֹ מִתְקַיֶּמֶת, וְכָל שֶׁחָכְמָתוֹ קוֹדֶמֶת לְיִרְאַת חֶטְאוֹ, אֵין חָכְמָתוֹ מִתְקַיֶּמֶת. יב. הוּא הָיָה אוֹמֵר: כָּל שֶׁמַּעֲשָׂיו מְרֻבִּין מֵחָכְמָתוֹ, חָכְמָתוֹ מִתְקַיֶּמֶת, וְכָל שֶׁחָכְמָתוֹ מְרֻבָּה מִמַּעֲשָׂיו, אֵין חָכְמָתוֹ מִתְקַיֶּמֶת. יג. הוּא הָיָה אוֹמֵר: כָּל שֶׁרוּחַ הַבְּרִיּוֹת נוֹחָה הֵימֶנּוּ, רוּחַ הַמָּקוֹם נוֹחָה הֵימֶנּוּ, וְכָל שֶׁאֵין רוּחַ הַבְּרִיּוֹת נוֹחָה הֵימֶנּוּ, אֵין רוּחַ הַמָּקוֹם נוֹחָה הֵימֶנּוּ. יד. רַבִּי דּוֹסָא בֶּן הַרְכִּינָס אוֹמֵר: שֵׁנָה שֶׁל שַׁחֲרִית, וְיַיִן שֶׁל צָהֳרַיִם, וְשִׂיחַת הַיְלָדִים, וִישִׁיבַת בָּתֵּי כְנֵסִיּוֹת שֶׁל עַמֵּי הָאָרֶץ, מוֹצִיאִין אֶת הָאָדָם מִן הָעוֹלָם. טו. רַבִּי אֶלְעָזָר הַמּוֹדָעִי אוֹמֵר: הַמְחַלֵּל אֶת הַקֳּדָשִׁים, וְהַמְבַזֶּה אֶת הַמּוֹעֲדוֹת, וְהַמַּלְבִּין פְּנֵי חֲבֵרוֹ בָּרַבִּים, וְהַמֵּפֵר בְּרִיתוֹ שֶׁל אַבְרָהָם אָבִינוּ, וְהַמְגַלֶּה פָנִים בַּתּוֹרָה שֶׁלֹּא כַהֲלָכָה, אַף עַל פִּי שֶׁיֵּשׁ בְּיָדוֹ תּוֹרָה וּמַעֲשִׂים טוֹבִים, אֵין לוֹ חֵלֶק לָעוֹלָם הַבָּא. טז. רַבִּי יִשְׁמָעֵאל אוֹמֵר: הֱוֵי קַל לָרֹאשׁ, וְנוֹחַ לְתִשְׁחֹרֶת, וֶהֱוֵי מְקַבֵּל אֶת כָּל הָאָדָם בְּשִׂמְחָה. יז. רַבִּי עֲקִיבָא אוֹמֵר: שְׂחוֹק וְקַלּוּת רֹאשׁ מַרְגִּילִין אֶת הָאָדָם לָעֶרְוָה. מָסֹרֶת סְיָג לַתּוֹרָה, מַעַשְׂרוֹת סְיָג לָעֹשֶׁר, נְדָרִים סְיָג לַפְּרִישׁוּת, סְיָג לַחָכְמָה שְׁתִיקָה. יח. הוּא הָיָה אוֹמֵר: חָבִיב אָדָם שֶׁנִּבְרָא בְצֶלֶם. חִבָּה יְתֵרָה נוֹדַעַת לוֹ שֶׁנִּבְרָא בְצֶלֶם, שֶׁנֶּאֱמַר (בראשית ט:ו): "כִּי בְּצֶלֶם אֱלֹקִים עָשָׂה אֶת הָאָדָם." חֲבִיבִין יִשְׂרָאֵל שֶׁנִּקְרְאוּ בָנִים לַמָּקוֹם. חִבָּה יְתֵרָה נוֹדַעַת לָהֶם שֶׁנִּקְרְאוּ בָנִים לַמָּקוֹם, שֶׁנֶּאֱמַר (דברים יד:א): "בָּנִים אַתֶּם לַה' אֱלֹקֵיכֶם." חֲבִיבִין יִשְׂרָאֵל, שֶׁנִּתַּן לָהֶם כְּלִי חֶמְדָּה. חִבָּה יְתֵרָה נוֹדַעַת לָהֶם, שֶׁנִּתַּן לָהֶם כְּלִי חֶמְדָּה שֶׁנֶּאֱמַר (משלי ד:ב): "כִּי לֶקַח טוֹב נָתַתִּי לָכֶם, תּוֹרָתִי אַל תַּעֲזֹבוּ." יט. הַכֹּל צָפוּי, וְהָרְשׁוּת נְתוּנָה. וּבְטוֹב הָעוֹלָם

נִדּוֹן, וְהַכֹּל לְפִי רֹב הַמַּעֲשֶׂה. פ. הוּא הָיָה אוֹמֵר: הַכֹּל נָתוּן בְּעֵרָבוֹן, וּמְצוּדָה פְרוּסָה עַל כָּל הַחַיִּים. הַחֲנוּת פְּתוּחָה, וְהַחֶנְוָנִי מַקִּיף, וְהַפִּנְקָס פָּתוּחַ, וְהַיָּד כּוֹתֶבֶת, וְכָל הָרוֹצֶה לִלְווֹת יָבֹא וְיִלְוֶה. וְהַגַּבָּאִים מַחֲזִירִין תָּדִיר בְּכָל יוֹם וְנִפְרָעִין מִן הָאָדָם, מִדַּעְתּוֹ וְשֶׁלֹּא מִדַּעְתּוֹ, וְיֵשׁ לָהֶם עַל מַה שֶׁיִּסְמֹכוּ. וְהַדִּין דִּין אֱמֶת, וְהַכֹּל מְתֻקָּן לַסְּעוּדָה. פא. רַבִּי אֶלְעָזָר בֶּן עֲזַרְיָה אוֹמֵר: אִם אֵין תּוֹרָה, אֵין דֶּרֶךְ אֶרֶץ, אִם אֵין דֶּרֶךְ אֶרֶץ אֵין תּוֹרָה. אִם אֵין חָכְמָה, אֵין יִרְאָה, אִם אֵין יִרְאָה, אֵין חָכְמָה. אִם אֵין דַּעַת, אֵין בִּינָה, אִם אֵין בִּינָה, אֵין דַּעַת. אִם אֵין קֶמַח, אֵין תּוֹרָה, אִם אֵין תּוֹרָה אֵין קֶמַח. פב. הוּא הָיָה אוֹמֵר: כֹּל שֶׁחָכְמָתוֹ מְרֻבָּה מִמַּעֲשָׂיו, לְמַה הוּא דוֹמֶה? לְאִילָן שֶׁעֲנָפָיו מְרֻבִּין וְשָׁרָשָׁיו מוּעָטִין, וְהָרוּחַ בָּאָה וְעוֹקַרְתּוֹ וְהוֹפַכְתּוֹ עַל פָּנָיו, שֶׁנֶּאֱמַר (ירמיה יז:ו): "וְהָיָה כְּעַרְעָר בָּעֲרָבָה, וְלֹא יִרְאֶה כִּי יָבוֹא טוֹב, וְשָׁכַן חֲרֵרִים בַּמִּדְבָּר, אֶרֶץ מְלֵחָה וְלֹא תֵשֵׁב." אֲבָל כֹּל שֶׁמַּעֲשָׂיו מְרֻבִּין מֵחָכְמָתוֹ, לְמַה הוּא דוֹמֶה? לְאִילָן שֶׁעֲנָפָיו מוּעָטִין וְשָׁרָשָׁיו מְרֻבִּין, שֶׁאֲפִילוּ כָּל הָרוּחוֹת שֶׁבָּעוֹלָם בָּאוֹת וְנוֹשְׁבוֹת בּוֹ, אֵין מְזִיזוֹת אוֹתוֹ מִמְּקוֹמוֹ, שֶׁנֶּאֱמַר (ירמיה יז:ח): "וְהָיָה כְּעֵץ שָׁתוּל עַל מַיִם, וְעַל יוּבַל יְשַׁלַּח שָׁרָשָׁיו, וְלֹא יִרְאֶה כִּי יָבֹא חֹם, וְהָיָה עָלֵהוּ רַעֲנָן, וּבִשְׁנַת בַּצֹּרֶת לֹא יִדְאָג, וְלֹא יָמִישׁ מֵעֲשׂוֹת פֶּרִי." פג. רַבִּי אֶלְעָזָר בֶּן חִסְמָא אוֹמֵר: קִנִּין וּפִתְחֵי נִדָּה הֵן הֵן גּוּפֵי הֲלָכוֹת, תְּקוּפוֹת וְגִמַּטְרִיָּאוֹת, פַּרְפְּרָאוֹת לַחָכְמָה.

פרק רביעי

א. בֶּן זוֹמָא אוֹמֵר: אֵיזֶהוּ חָכָם? הַלּוֹמֵד מִכָּל אָדָם, שֶׁנֶּאֱמַר

(תְּהִלִּים קי"ט:צ"ט) "מִכָּל מְלַמְּדַי הִשְׂכַּלְתִּי." אֵיזֶהוּ גִבּוֹר? הַכּוֹבֵשׁ אֶת יִצְרוֹ, שֶׁנֶּאֱמַר (מִשְׁלֵי ט"ז:ל"ב): "טוֹב אֶרֶךְ אַפַּיִם מִגִּבּוֹר, וּמוֹשֵׁל בְּרוּחוֹ מִלֹּכֵד עִיר." אֵיזֶהוּ עָשִׁיר? הַשָּׂמֵחַ בְּחֶלְקוֹ, שֶׁנֶּאֱמַר (תְּהִלִּים קכ"ח:ב): "יְגִיעַ כַּפֶּיךָ כִּי תֹאכֵל אַשְׁרֶיךָ וְטוֹב לָךְ." "אַשְׁרֶיךָ" בָּעוֹלָם הַזֶּה, "וְטוֹב לָךְ" לָעוֹלָם הַבָּא. אֵיזֶהוּ מְכֻבָּד? הַמְכַבֵּד אֶת **הַבְּרִיּוֹת**, שֶׁנֶּאֱמַר (שְׁמוּאֵל א' ב:ל) "כִּי מְכַבְּדַי אֲכַבֵּד, וּבֹזַי יֵקָלּוּ." **ב. בֶּן** עַזַּאי אוֹמֵר: הֱוֵי רָץ לְמִצְוָה קַלָּה וּבוֹרֵחַ מִן הָעֲבֵרָה, שֶׁמִּצְוָה גוֹרֶרֶת מִצְוָה, וַעֲבֵרָה גוֹרֶרֶת עֲבֵרָה, שֶׁשְּׂכַר מִצְוָה מִצְוָה, וּשְׂכַר עֲבֵרָה עֲבֵרָה. **ג.** הוּא הָיָה אוֹמֵר: אַל תְּהִי בָז לְכָל אָדָם, וְאַל תְּהִי מַפְלִיג לְכָל דָּבָר, שֶׁאֵין לְךָ אָדָם שֶׁאֵין לוֹ שָׁעָה, וְאֵין לְךָ דָּבָר שֶׁאֵין לוֹ מָקוֹם. **ד.** רַבִּי לְוִיטַס אִישׁ יַבְנֶה אוֹמֵר: **מְאֹד מְאֹד** הֱוֵי שְׁפַל רוּחַ, שֶׁתִּקְוַת אֱנוֹשׁ רִמָּה. **ה.** רַבִּי יוֹחָנָן בֶּן בְּרוֹקָא אוֹמֵר: כָּל הַמְחַלֵּל שֵׁם שָׁמַיִם בַּסֵּתֶר, נִפְרָעִין מִמֶּנּוּ בַּגָּלוּי. אֶחָד שׁוֹגֵג וְאֶחָד מֵזִיד בְּחִלּוּל הַשֵּׁם. **ו.** רַבִּי יִשְׁמָעֵאל בַּר רַבִּי יוֹסֵי אוֹמֵר: הַלּוֹמֵד עַל מְנָת לְלַמֵּד, מַסְפִּיקִין בְּיָדוֹ לִלְמֹד וּלְלַמֵּד. וְהַלּוֹמֵד עַל מְנָת לַעֲשׂוֹת, מַסְפִּיקִין בְּיָדוֹ לִלְמֹד וּלְלַמֵּד, לִשְׁמֹר וְלַעֲשׂוֹת. **ז.** רַבִּי צָדוֹק אוֹמֵר: אַל תִּפְרֹשׁ מִן הַצִּבּוּר וְאַל תַּעַשׂ עַצְמְךָ כְּעוֹרְכֵי הַדַּיָּנִין. וְאַל תַּעֲשֶׂהָ עֲטָרָה לְהִתְגַּדֵּל בָּהּ, וְלֹא קַרְדֹּם לַחְפֹּר בָּהּ. וְכָךְ הָיָה הִלֵּל אוֹמֵר: וּדְאִשְׁתַּמֵּשׁ בְּתַגָּא חֲלָף. הָא לָמַדְתָּ: כָּל הַנֶּהֱנֶה מִדִּבְרֵי תוֹרָה, נוֹטֵל חַיָּיו מִן הָעוֹלָם. **ח.** רַבִּי יוֹסֵי אוֹמֵר: כָּל הַמְכַבֵּד אֶת הַתּוֹרָה, גּוּפוֹ מְכֻבָּד עַל הַבְּרִיּוֹת. וְכָל הַמְחַלֵּל אֶת הַתּוֹרָה, גּוּפוֹ מְחֻלָּל עַל הַבְּרִיּוֹת. **ט.** רַבִּי יִשְׁמָעֵאל בְּנוֹ אוֹמֵר: הַחוֹשֵׂךְ עַצְמוֹ מִן הַדִּין, פּוֹרֵק מִמֶּנּוּ אֵיבָה וְגָזֵל וּשְׁבוּעַת שָׁוְא. וְהַגַּס לִבּוֹ בַּהוֹרָאָה, שׁוֹטֶה רָשָׁע וְגַס רוּחַ. **י.** הוּא הָיָה אוֹמֵר: אַל תְּהִי דָן יְחִידִי. שֶׁאֵין דָּן יְחִידִי אֶלָּא אֶחָד. וְאַל תֹּאמַר: "קַבְּלוּ דַעְתִּי!" שֶׁהֵן רַשָּׁאִין וְלֹא אָתָּה. **יא.** רַבִּי יוֹנָתָן אוֹמֵר: כָּל הַמְּקַיֵּם אֶת הַתּוֹרָה מֵעֹנִי, סוֹפוֹ לְקַיְּמָהּ מֵעֹשֶׁר. וְכָל הַמְבַטֵּל אֶת הַתּוֹרָה מֵעֹשֶׁר סוֹפוֹ

לְבַטֵּלָה מִמֶּנִּי. יב. רַבִּי מֵאִיר אוֹמֵר: הֱוֵי מְמַעֵט בְּעֵסֶק, וַעֲסֹק בַּתּוֹרָה, וֶהֱוֵי שְׁפַל רוּחַ בִּפְנֵי כָל אָדָם, וְאִם בָּטַלְתָּ מִן הַתּוֹרָה, יֵשׁ לְךָ בְּטֵלִים הַרְבֵּה כְּנֶגְדֶּךָ, וְאִם עָמַלְתָּ בַּתּוֹרָה, יֵשׁ לוֹ שָׂכָר הַרְבֵּה לִתֵּן לָךְ. יג. רַבִּי אֱלִיעֶזֶר בֶּן יַעֲקֹב אוֹמֵר: הָעוֹשֶׂה מִצְוָה אַחַת קוֹנֶה לוֹ פְּרַקְלִיט אֶחָד, וְהָעוֹבֵר עֲבֵרָה אַחַת, קוֹנֶה לוֹ קַטֵּיגוֹר אֶחָד. תְּשׁוּבָה וּמַעֲשִׂים טוֹבִים כִּתְרִיס בִּפְנֵי הַפֻּרְעָנוּת. יד. רַבִּי יוֹחָנָן הַסַּנְדְּלָר אוֹמֵר: כָּל כְּנֵסִיָּה שֶׁהִיא לְשֵׁם שָׁמַיִם, סוֹפָהּ לְהִתְקַיֵּם, וְשֶׁאֵינָהּ לְשֵׁם שָׁמַיִם, אֵין סוֹפָהּ לְהִתְקַיֵּם. טו. רַבִּי אֶלְעָזָר בֶּן שַׁמּוּעַ אוֹמֵר: יְהִי כְבוֹד תַּלְמִידְךָ חָבִיב עָלֶיךָ כְּשֶׁלָּךְ, וּכְבוֹד חֲבֵרְךָ כְּמוֹרָא רַבָּךְ, וּמוֹרָא רַבָּךְ כְּמוֹרָא שָׁמַיִם. טז. רַבִּי יְהוּדָה אוֹמֵר: הֱוֵי זָהִיר בַּתַּלְמוּד, שֶׁשִּׁגְגַת תַּלְמוּד עוֹלָה זָדוֹן. יז. רַבִּי שִׁמְעוֹן אוֹמֵר: שְׁלֹשָׁה כְתָרִים הֵם: כֶּתֶר תּוֹרָה, וְכֶתֶר כְּהֻנָּה, וְכֶתֶר מַלְכוּת, וְכֶתֶר שֵׁם טוֹב עוֹלֶה עַל גַּבֵּיהֶן. יח. רַבִּי נְהוֹרַאי אוֹמֵר: הֱוֵי גוֹלֶה לִמְקוֹם תּוֹרָה, וְאַל תֹּאמַר שֶׁהִיא תָבוֹא אַחֲרֶיךָ, שֶׁחֲבֵרֶיךָ יְקַיְּמוּהָ בְיָדֶךָ. וְאַל בִּינָתְךָ אַל תִּשָּׁעֵן. יט. רַבִּי יַנַּאי אוֹמֵר: אֵין בְּיָדֵינוּ לֹא מִשַּׁלְוַת הָרְשָׁעִים וְאַף לֹא מִיִּסּוּרֵי הַצַּדִּיקִים. כ. רַבִּי מַתְיָא בֶּן חָרָשׁ אוֹמֵר: הֱוֵי מַקְדִּים בִּשְׁלוֹם כָּל אָדָם, וֶהֱוֵי זָנָב לָאֲרָיוֹת, וְאַל תְּהִי רֹאשׁ לַשּׁוּעָלִים. כא. רַבִּי יַעֲקֹב אוֹמֵר: הָעוֹלָם הַזֶּה דּוֹמֶה לִפְרוֹזְדוֹר בִּפְנֵי הָעוֹלָם הַבָּא, הַתְקֵן עַצְמְךָ בַּפְּרוֹזְדוֹר כְּדֵי שֶׁתִּכָּנֵס לַטְּרַקְלִין. כב. הוּא הָיָה אוֹמֵר: יָפֶה שָׁעָה אַחַת בִּתְשׁוּבָה וּמַעֲשִׂים טוֹבִים בָּעוֹלָם הַזֶּה מִכָּל חַיֵּי הָעוֹלָם הַבָּא, וְיָפֶה שָׁעָה אַחַת שֶׁל קוֹרַת רוּחַ בָּעוֹלָם הַבָּא מִכָּל חַיֵּי הָעוֹלָם הַזֶּה. כג. רַבִּי שִׁמְעוֹן בֶּן אֶלְעָזָר אוֹמֵר: אַל תְּרַצֶּה אֶת חֲבֵרְךָ בִּשְׁעַת כַּעֲסוֹ, וְאַל תְּנַחֲמֶנּוּ בְּשָׁעָה שֶׁמֵּתוֹ מֻטָּל לְפָנָיו, וְאַל תִּשְׁאַל לוֹ בִּשְׁעַת נִדְרוֹ, וְאַל תִּשְׁתַּדֵּל לִרְאוֹתוֹ בִּשְׁעַת קַלְקָלָתוֹ. כד. שְׁמוּאֵל הַקָּטָן אוֹמֵר: בִּנְפֹל אוֹיִבְךָ אַל תִּשְׂמָח,

וּבִכְשְׁלוֹ אַל יָגֵל לִבֶּךָ, פֶּן יִרְאֶה ה' וְרַע בְּעֵינָיו, וְהֵשִׁיב מֵעָלָיו אַפּוֹ. **יח.** אֱלִישָׁע בֶּן אֲבוּיָה אוֹמֵר: הַלּוֹמֵד יֶלֶד, לְמָה הוּא דוֹמֶה? לִדְיוֹ כְתוּבָה עַל נְיָר חָדָשׁ. וְהַלּוֹמֵד זָקֵן, לְמָה הוּא דוֹמֶה? לִדְיוֹ כְתוּבָה עַל נְיָר מָחוּק. **יט.** רַבִּי יוֹסֵי בַּר יְהוּדָה אִישׁ כְּפַר הַבַּבְלִי אוֹמֵר: הַלּוֹמֵד מִן הַקְּטַנִּים, לְמָה הוּא דוֹמֶה? לְאוֹכֵל עֲנָבִים קֵהוֹת, וְשׁוֹתֶה יַיִן מִגִּתּוֹ. וְהַלּוֹמֵד מִן הַזְּקֵנִים, לְמָה הוּא דוֹמֶה? לְאוֹכֵל עֲנָבִים בְּשֵׁלוֹת, וְשׁוֹתֶה יַיִן יָשָׁן. **כ.** רַבִּי מֵאִיר אוֹמֵר: אַל תִּסְתַּכֵּל בַּקַּנְקַן, אֶלָּא בְמַה שֶּׁיֵּשׁ בּוֹ, יֵשׁ קַנְקַן חָדָשׁ מָלֵא יָשָׁן, וְיָשָׁן שֶׁאֲפִילוּ חָדָשׁ אֵין בּוֹ. **כא.** רַבִּי אֶלְעָזָר הַקַּפָּר אוֹמֵר: הַקִּנְאָה וְהַתַּאֲוָה וְהַכָּבוֹד מוֹצִיאִין אֶת הָאָדָם מִן הָעוֹלָם. **כב.** הוּא הָיָה אוֹמֵר: הַיִּלּוֹדִים לָמוּת, וְהַמֵּתִים לִחְיוֹת, וְהַחַיִּים לִדּוֹן. לֵידַע לְהוֹדִיעַ וּלְהִוָּדַע שֶׁהוּא אֵל. הוּא הַיּוֹצֵר הוּא הַבּוֹרֵא, הוּא הַמֵּבִין, הוּא הַדַּיָּן, הוּא הָעֵד, הוּא בַּעַל דִּין, הוּא עָתִיד לָדוֹן. בָּרוּךְ הוּא, שֶׁאֵין לְפָנָיו לֹא עַוְלָה, וְלֹא שִׁכְחָה, וְלֹא מַשּׂוֹא פָנִים, וְלֹא מִקַּח שֹׁחַד שֶׁהַכֹּל שֶׁלּוֹ. וְדַע, שֶׁהַכֹּל לְפִי הַחֶשְׁבּוֹן. וְאַל יַבְטִיחֲךָ יִצְרְךָ שֶׁהַשְּׁאוֹל בֵּית מָנוֹס לָךְ, שֶׁעַל כָּרְחֲךָ אַתָּה נוֹצָר, וְעַל כָּרְחֲךָ אַתָּה נוֹלָד, וְעַל כָּרְחֲךָ אַתָּה חַי, וְעַל כָּרְחֲךָ אַתָּה מֵת, וְעַל כָּרְחֲךָ אַתָּה עָתִיד לִתֵּן דִּין וְחֶשְׁבּוֹן לִפְנֵי מֶלֶךְ מַלְכֵי הַמְּלָכִים הַקָּדוֹשׁ בָּרוּךְ הוּא.

פרק חמישי

א. בַּעֲשָׂרָה מַאֲמָרוֹת נִבְרָא הָעוֹלָם. וּמַה תַּלְמוּד לוֹמַר? וַהֲלֹא בְמַאֲמָר אֶחָד יָכוֹל לְהִבָּרְאוֹת? אֶלָּא לְהִפָּרַע מִן הָרְשָׁעִים שֶׁמְּאַבְּדִין אֶת הָעוֹלָם שֶׁנִּבְרָא בַּעֲשָׂרָה מַאֲמָרוֹת. וְלִתֵּן שָׂכָר טוֹב לַצַּדִּיקִים, שֶׁמְּקַיְּמִין אֶת הָעוֹלָם שֶׁנִּבְרָא בַּעֲשָׂרָה מַאֲמָרוֹת. **ב.** עֲשָׂרָה דוֹרוֹת מֵאָדָם וְעַד נֹחַ, לְהוֹדִיעַ כַּמָּה אֶרֶךְ אַפַּיִם

לְפָנָיו, שֶׁכָּל הַדּוֹרוֹת הָיוּ מַכְעִיסִין וּבָאִין, עַד שֶׁהֵבִיא עֲלֵיהֶם אֶת מֵי הַמַּבּוּל. ג. עֲשָׂרָה דוֹרוֹת מִנֹּחַ וְעַד אַבְרָהָם, לְהוֹדִיעַ כַּמָּה אֶרֶךְ אַפַּיִם לְפָנָיו, שֶׁכָּל הַדּוֹרוֹת הָיוּ מַכְעִיסִין וּבָאִין, עַד שֶׁבָּא אַבְרָהָם אָבִינוּ וְקִבֵּל שְׂכַר כֻּלָּם. ד. עֲשָׂרָה נִסְיוֹנוֹת נִתְנַסָּה אַבְרָהָם אָבִינוּ וְעָמַד בְּכֻלָּם, לְהוֹדִיעַ כַּמָּה חִבָּתוֹ שֶׁל אַבְרָהָם אָבִינוּ. ה. עֲשָׂרָה נִסִים נַעֲשׂוּ לַאֲבוֹתֵינוּ בְּמִצְרַיִם וַעֲשָׂרָה עַל הַיָּם. עֶשֶׂר מַכּוֹת הֵבִיא הַקָּדוֹשׁ בָּרוּךְ הוּא עַל הַמִּצְרִיִּים בְּמִצְרַיִם וְעֶשֶׂר עַל הַיָּם. ו. עֲשָׂרָה נִסְיוֹנוֹת נִסּוּ אֲבוֹתֵינוּ אֶת הַקָּדוֹשׁ בָּרוּךְ הוּא בַּמִּדְבָּר, שֶׁנֶּאֱמַר (במדבר ד:כב): "וַיְנַסּוּ אֹתִי זֶה עֶשֶׂר פְּעָמִים, וְלֹא שָׁמְעוּ בְּקוֹלִי"ז. עֲשָׂרָה נִסִּים נַעֲשׂוּ לַאֲבוֹתֵינוּ בְּבֵית הַמִּקְדָּשׁ: לֹא הִפִּילָה אִשָּׁה מֵרֵיחַ בְּשַׂר הַקֹּדֶשׁ, וְלֹא הִסְרִיחַ בְּשַׂר הַקֹּדֶשׁ מֵעוֹלָם, וְלֹא נִרְאָה זְבוּב בְּבֵית הַמִּטְבָּחַיִם, וְלֹא אֵרַע קֶרִי לְכֹהֵן גָּדוֹל בְּיוֹם הַכִּפּוּרִים, וְלֹא כִבּוּ הַגְּשָׁמִים אֵשׁ שֶׁל עֲצֵי הַמַּעֲרָכָה, וְלֹא נִצְּחָה הָרוּחַ אֶת עַמּוּד הֶעָשָׁן, וְלֹא נִמְצָא פְסוּל בָּעֹמֶר, וּבִשְׁתֵּי הַלֶּחֶם, וּבְלֶחֶם הַפָּנִים, עוֹמְדִים צְפוּפִים, וּמִשְׁתַּחֲוִים רְוָחִים. וְלֹא הִזִּיק נָחָשׁ וְעַקְרָב בִּירוּשָׁלַיִם מֵעוֹלָם. וְלֹא אָמַר אָדָם לַחֲבֵרוֹ: "צַר לִי הַמָּקוֹם שֶׁאָלִין בִּירוּשָׁלַיִם". ח. עֲשָׂרָה דְבָרִים נִבְרְאוּ בְּעֶרֶב שַׁבָּת בֵּין הַשְּׁמָשׁוֹת, וְאֵלּוּ הֵן, פִּי הָאָרֶץ, וּפִי הַבְּאֵר, פִּי הָאָתוֹן, וְהַקֶּשֶׁת, וְהַמָּן, וְהַמַּטֶּה, וְהַשָּׁמִיר, הַכְּתָב, וְהַמִּכְתָּב וְהַלּוּחוֹת. וְיֵשׁ אוֹמְרִים: אַף הַמַּזִּיקִין, וּקְבוּרָתוֹ שֶׁל מֹשֶׁה, וְאֵילוֹ שֶׁל אַבְרָהָם אָבִינוּ. וְיֵשׁ אוֹמְרִים: אַף צְבָת בִּצְבָת עֲשׂוּיָה. ט. שִׁבְעָה דְבָרִים בַּגֹּלֶם. וְשִׁבְעָה בֶּחָכָם. חָכָם אֵינוֹ מְדַבֵּר לִפְנֵי מִי שֶׁגָּדוֹל מִמֶּנּוּ בְּחָכְמָה וּבְמִנְיָן, וְאֵינוֹ נִכְנָס לְתוֹךְ דִּבְרֵי חֲבֵרוֹ, וְאֵינוֹ נִבְהָל לְהָשִׁיב, שׁוֹאֵל כָּעִנְיָן, וּמֵשִׁיב כַּהֲלָכָה, וְאוֹמֵר עַל רִאשׁוֹן רִאשׁוֹן, וְעַל אַחֲרוֹן אַחֲרוֹן, וְעַל מַה שֶּׁלֹּא שָׁמַע אוֹמֵר: "לֹא שָׁמַעְתִּי", וּמוֹדֶה עַל הָאֱמֶת. וְחִלּוּפֵיהֶן בַּגֹּלֶם. י. שִׁבְעָה מִינֵי פֻּרְעָנִיּוֹת בָּאִין לָעוֹלָם עַל שִׁבְעָה גּוּפֵי עֲבֵרָה: מִקְצָתָן מְעַשְּׂרִין וּמִקְצָתָן אֵינָן מְעַשְּׂרִין, רָעָב שֶׁל בַּצֹּרֶת בָּא. מִקְצָתָן רְעֵבִים וּמִקְצָתָן שְׂבֵעִים. גָּמְרוּ שֶׁלֹּא

140

לַעֲשֵׂר, רָעָב שֶׁל מְהוּמָה וְשֶׁל בַּצֹּרֶת בָּאָה, וְשֶׁלֹּא לִטֹּל אֶת הַחַלָּה, רָעָב שֶׁל כְּלָיָה בָּאָה. יֹא.דֶּבֶר בָּא לָעוֹלָם עַל מִיתוֹת הָאֲמוּרוֹת בַּתּוֹרָה שֶׁלֹּא נִמְסְרוּ לְבֵית דִּין, וְעַל פֵּרוֹת שְׁבִיעִית. חֶרֶב בָּאָה לָעוֹלָם. עַל עִנּוּי הַדִּין וְעַל עִוּוּת הַדִּין, וְעַל הַמּוֹרִים בַּתּוֹרָה שֶׁלֹּא כַהֲלָכָה. חַיָּה רָעָה בָּאָה לָעוֹלָם עַל שְׁבוּעַת שָׁוְא. וְעַל חִלּוּל הַשֵּׁם. גָּלוּת בָּאָה לָעוֹלָם עַל עוֹבְדֵי עֲבוֹדָה זָרָה וְעַל גִּלּוּי עֲרָיוֹת וְעַל שְׁפִיכוּת דָּמִים וְעַל שְׁמִטַּת הָאָרֶץ. יב.בְּאַרְבָּעָה פְרָקִים הַדֶּבֶר מִתְרַבֶּה: בָּרְבִיעִית, וּבַשְּׁבִיעִית, וּבְמוֹצָאֵי שְׁבִיעִית. וּבְמוֹצָאֵי הֶחָג שֶׁבְּכָל שָׁנָה וְשָׁנָה. בָּרְבִיעִית מִפְּנֵי מַעְשַׂר עָנִי שֶׁבַּשְּׁלִישִׁית. בַּשְּׁבִיעִית מִפְּנֵי מַעְשַׂר עָנִי שֶׁבַּשִּׁשִּׁית. בְּמוֹצָאֵי שְׁבִיעִית מִפְּנֵי פֵּרוֹת שְׁבִיעִית. בְּמוֹצָאֵי הֶחָג שֶׁבְּכָל שָׁנָה וְשָׁנָה מִפְּנֵי גֶזֶל מַתְּנוֹת עֲנִיִּים יג.אַרְבַּע מִדּוֹת בָּאָדָם.הָאוֹמֵר: "שֶׁלִּי שֶׁלִּי וְשֶׁלְּךָ שֶׁלָּךְ" זוֹ מִדָּה בֵינוֹנִית, וְיֵשׁ אוֹמְרִים זוֹ מִדַּת סְדוֹם, "שֶׁלִּי שֶׁלְּךָ וְשֶׁלְּךָ שֶׁלִּי" עַם הָאָרֶץ. "שֶׁלִּי שֶׁלָּךְ וְשֶׁלְּךָ שֶׁלָּךְ" חָסִיד, "שֶׁלִּי שֶׁלִּי וְשֶׁלְּךָ שֶׁלִּי" רָשָׁע. יד. אַרְבַּע מִדּוֹת בַּדֵּעוֹת: נוֹחַ לִכְעוֹס וְנוֹחַ לִרְצוֹת, יָצָא שְׂכָרוֹ בְּהֶפְסֵדוֹ, קָשֶׁה לִכְעוֹס וְקָשֶׁה לִרְצוֹת, יָצָא הֶפְסֵדוֹ בִּשְׂכָרוֹ, קָשֶׁה לִכְעוֹס וְנוֹחַ לִרְצוֹת, חָסִיד, נוֹחַ לִכְעוֹס וְקָשֶׁה לִרְצוֹת רָשָׁע. טו. אַרְבַּע מִדּוֹת בַּתַּלְמִידִים: מָהִיר לִשְׁמוֹעַ וּמָהִיר לְאַבֵּד, יָצָא שְׂכָרוֹ בְּהֶפְסֵדוֹ, קָשֶׁה לִשְׁמוֹעַ וְקָשֶׁה לְאַבֵּד, יָצָא הֶפְסֵדוֹ בִּשְׂכָרוֹ, מָהִיר לִשְׁמוֹעַ וְקָשֶׁה לְאַבֵּד, זֶה חֵלֶק טוֹב, קָשֶׁה לִשְׁמוֹעַ וּמָהִיר לְאַבֵּד זֶה חֵלֶק רָע. טז.אַרְבַּע מִדּוֹת בְּנוֹתְנֵי צְדָקָה: הָרוֹצֶה שֶׁיִּתֵּן וְלֹא יִתְּנוּ אֲחֵרִים, עֵינוֹ רָעָה בְּשֶׁל אֲחֵרִים, יִתְּנוּ אֲחֵרִים וְהוּא לֹא יִתֵּן, עֵינוֹ רָעָה בְּשֶׁלּוֹ, יִתֵּן וְיִתְּנוּ אֲחֵרִים, חָסִיד, לֹא יִתֵּן וְלֹא יִתְּנוּ אֲחֵרִים, רָשָׁע. יז.אַרְבַּע מִדּוֹת בְּהוֹלְכֵי בֵית הַמִּדְרָשׁ: הוֹלֵךְ וְאֵינוֹ עוֹשֶׂה, שְׂכַר הֲלִיכָה בְּיָדוֹ, עוֹשֶׂה וְאֵינוֹ הוֹלֵךְ, שְׂכַר מַעֲשֶׂה בְּיָדוֹ, הוֹלֵךְ וְעוֹשֶׂה, חָסִיד, לֹא הוֹלֵךְ וְלֹא עוֹשֶׂה, רָשָׁע. יח.אַרְבַּע מִדּוֹת בַּיּוֹשְׁבִים לִפְנֵי חֲכָמִים:סְפוֹג, וּמַשְׁפֵּךְ, מְשַׁמֶּרֶת, וְנָפָה.סְפוֹג, שֶׁהוּא סוֹפֵג אֶת הַכֹּל, וּמַשְׁפֵּךְ, שֶׁמַּכְנִיס בְּזוֹ וּמוֹצִיא בְזוֹ, מְשַׁמֶּרֶת, שֶׁמּוֹצִיאָה אֶת הַיַּיִן וְקוֹלֶטֶת אֶת הַשְּׁמָרִים, וְנָפָה, שֶׁמּוֹצִיאָה אֶת הַקֶּמַח וְקוֹלֶטֶת אֶת הַסֹּלֶת יט.כָּל אַהֲבָה שֶׁהִיא

תְּלוּיָה בְדָבָר, בָּטֵל דָּבָר, בְּטֵלָה אַהֲבָה. וְשֶׁאֵינָה תְלוּיָה בְדָבָר, אֵינָה בְּטֵלָה
לְעוֹלָם. אֵיזוֹ הִיא אַהֲבָה שֶׁהִיא תְלוּיָה בְדָבָר? זוֹ אַהֲבַת אַמְנוֹן וְתָמָר. וְשֶׁאֵינָה
תְּלוּיָה בְדָבָר? זוֹ אַהֲבַת דָּוִד וִיהוֹנָתָן. ‏**יז**. כָּל מַחֲלֹקֶת שֶׁהִיא לְשֵׁם שָׁמַיִם
סוֹפָהּ לְהִתְקַיֵּם, וְשֶׁאֵינָהּ לְשֵׁם שָׁמַיִם, אֵין סוֹפָהּ לְהִתְקַיֵּם. אֵיזוֹ הִיא
מַחֲלֹקֶת שֶׁהִיא לְשֵׁם שָׁמַיִם? זוֹ מַחֲלֹקֶת הִלֵּל וְשַׁמַּאי. וְשֶׁאֵינָהּ לְשֵׁם
שָׁמַיִם? זוֹ מַחֲלֹקֶת קֹרַח וְכָל עֲדָתוֹ. ‏**יח**. כָּל הַמְזַכֶּה אֶת הָרַבִּים, אֵין
חֵטְא בָּא עַל יָדוֹ, וְכָל הַמַּחֲטִיא אֶת הָרַבִּים, אֵין מַסְפִּיקִין בְּיָדוֹ לַעֲשׂוֹת
תְּשׁוּבָה. מֹשֶׁה זָכָה וְזִכָּה אֶת הָרַבִּים, זְכוּת הָרַבִּים תָּלוּי בּוֹ שֶׁנֶּאֱמַר
(דברים לג:כא):"צִדְקַת ה' עָשָׂה, וּמִשְׁפָּטָיו עִם יִשְׂרָאֵל." יָרָבְעָם בֶּן
נְבָט חָטָא וְהֶחֱטִיא אֶת הָרַבִּים, חֵטְא הָרַבִּים תָּלוּי בּוֹ, שֶׁנֶּאֱמַר (מלאכים
ב טו:ל):"עַל חַטֹּאות יָרָבְעָם אֲשֶׁר חָטָא, וַאֲשֶׁר הֶחֱטִיא אֶת יִשְׂרָאֵל."
‏**יט**. כָּל מִי שֶׁיֵּשׁ בְּיָדוֹ שְׁלֹשָׁה דְבָרִים הַלָּלוּ, הוּא מִתַּלְמִידָיו שֶׁל אַבְרָהָם
אָבִינוּ. וּשְׁלֹשָׁה דְבָרִים אֲחֵרִים, הוּא מִתַּלְמִידָיו שֶׁל בִּלְעָם הָרָשָׁע. עַיִן
טוֹבָה, וְרוּחַ נְמוּכָה, וְנֶפֶשׁ שְׁפָלָה, תַּלְמִידָיו שֶׁל אַבְרָהָם אָבִינוּ. עַיִן רָעָה,
וְרוּחַ גְּבוֹהָה, וְנֶפֶשׁ רְחָבָה, תַּלְמִידָיו שֶׁל בִּלְעָם הָרָשָׁע. מַה בֵּין תַּלְמִידָיו שֶׁל
אַבְרָהָם אָבִינוּ לְתַלְמִידָיו שֶׁל בִּלְעָם הָרָשָׁע? תַּלְמִידָיו שֶׁל אַבְרָהָם אָבִינוּ אוֹכְלִין
בָּעוֹלָם הַזֶּה, וְנוֹחֲלִין הָעוֹלָם הַבָּא, שֶׁנֶּאֱמַר (משלי ח:כא):"לְהַנְחִיל אֹהֲבַי יֵשׁ,
וְאֹצְרֹתֵיהֶם אֲמַלֵּא." אֲבָל תַּלְמִידָיו שֶׁל בִּלְעָם הָרָשָׁע יוֹרְשִׁין גֵּיהִנֹּם, וְיוֹרְדִין
לִבְאֵר שַׁחַת, שֶׁנֶּאֱמַר (תהילים נה:כד): "וְאַתָּה אֱלֹהִים תּוֹרִדֵם לִבְאֵר שַׁחַת,
אַנְשֵׁי דָמִים וּמִרְמָה לֹא יֶחֱצוּ יְמֵיהֶם, וַאֲנִי אֶבְטַח בָּךְ." ‏**כ**. יְהוּדָה בֶן
תֵּימָא אוֹמֵר: הֱוֵי עַז כַּנָּמֵר וְקַל כַּנֶּשֶׁר רָץ כַּצְּבִי, וְגִבּוֹר כָּאֲרִי לַעֲשׂוֹת רְצוֹן
אָבִיךָ שֶׁבַּשָּׁמַיִם. ‏**כא**. הוּא הָיָה אוֹמֵר: עַז פָּנִים לְגֵיהִנֹּם וּבֹשֶׁת פָּנִים לְגַן עֵדֶן
יְהִי רָצוֹן מִלְּפָנֶיךָ ה' אֱלֹהֵינוּ וֵאלֹהֵי אֲבוֹתֵינוּ שֶׁיִּבָּנֶה בֵּית הַמִּקְדָּשׁ
בִּמְהֵרָה בְיָמֵינוּ וְתֵן חֶלְקֵנוּ בְּתוֹרָתֶךָ. ‏**כב**. הוּא הָיָה אוֹמֵר: בֶּן חָמֵשׁ שָׁנִים
לַמִּקְרָא, בֶּן עֶשֶׂר שָׁנִים לַמִּשְׁנָה, בֶּן שְׁלֹשׁ עֶשְׂרֵה לַמִּצְוֹת, בֶּן חֲמֵשׁ
עֶשְׂרֵה לַגְּמָרָא. בֶּן שְׁמוֹנֶה עֶשְׂרֵה לַחֻפָּה. בֶּן עֶשְׂרִים לִרְדּוֹף. בֶּן שְׁלֹשִׁים
לַכֹּחַ. בֶּן אַרְבָּעִים לַבִּינָה. בֶּן חֲמִשִּׁים לָעֵצָה. בֶּן שִׁשִּׁים לַזִּקְנָה. בֶּן שִׁבְעִים
לַשֵּׂיבָה. בֶּן שְׁמוֹנִים לַגְּבוּרָה. בֶּן תִּשְׁעִים לָשׁוּחַ. בֶּן מֵאָה כְּאִלּוּ מֵת וְעָבַר

וּבָטֵל מִן הָעוֹלָם. כה. בֶּן בַּג בַּג אוֹמֵר: הֲפֹךְ בָּהּ וַהֲפָךְ בָּהּ, דְּכֹלָּה בָהּ, וּבָהּ תֶּחֱזֵי, וְסִיב וּבְלֵה בָהּ, וּמִנָּהּ לֹא תָזוּעַ, שֶׁאֵין לְךָ מִדָּה טוֹבָה הֵימֶנָּה. בֶּן הֵא הֵא אוֹמֵר: לְפוּם צַעֲרָא אַגְרָא

פרק ששי

שָׁנוּ חֲכָמִים בִּלְשׁוֹן הַמִּשְׁנָה. בָּרוּךְ שֶׁבָּחַר בָּהֶם וּבְמִשְׁנָתָם.

א. רַבִּי מֵאִיר אוֹמֵר: כָּל הָעוֹסֵק בַּתּוֹרָה לִשְׁמָהּ זוֹכֶה לִדְבָרִים הַרְבֵּה, וְלֹא עוֹד אֶלָּא שֶׁכָּל הָעוֹלָם כֻּלּוֹ כְּדַאי הוּא לוֹ. נִקְרָא רֵעַ, אָהוּב. אוֹהֵב אֶת הַמָּקוֹם, אוֹהֵב אֶת הַבְּרִיּוֹת, מְשַׂמֵּחַ אֶת הַמָּקוֹם. מְשַׂמֵּחַ אֶת הַבְּרִיּוֹת. וּמַלְבַּשְׁתּוֹ עֲנָוָה וְיִרְאָה, וּמַכְשַׁרְתּוֹ לִהְיוֹת צַדִּיק, חָסִיד, יָשָׁר וְנֶאֱמָן, וּמְרַחַקְתּוֹ מִן הַחֵטְא, וּמְקָרַבְתּוֹ לִידֵי זְכוּת. וְנֶהֱנִין מִמֶּנּוּ עֵצָה וְתוּשִׁיָּה, בִּינָה וּגְבוּרָה, שֶׁנֶּאֱמַר (משלי ח:יד): "לִי עֵצָה וְתוּשִׁיָּה, אֲנִי בִינָה, לִי גְבוּרָה." וְנוֹתֶנֶת לוֹ מַלְכוּת וּמֶמְשָׁלָה, וְחִקּוּר דִּין, וּמְגַלִּין לוֹ רָזֵי תוֹרָה, וְנַעֲשֶׂה כְּמַעְיָן הַמִּתְגַּבֵּר וּכְנָהָר שֶׁאֵינוֹ פוֹסֵק. וְהֹוֶה צָנוּעַ, וְאֶרֶךְ רוּחַ, וּמוֹחֵל עַל עֶלְבּוֹנוֹ. וּמְגַדַּלְתּוֹ וּמְרוֹמַמְתּוֹ עַל כָּל הַמַּעֲשִׂים. **ב.** אָמַר רַבִּי יְהוֹשֻׁעַ בֶּן לֵוִי: בְּכָל יוֹם וָיוֹם בַּת קוֹל יוֹצֵאת מֵהַר חוֹרֵב וּמַכְרֶזֶת וְאוֹמֶרֶת: "אוֹי לָהֶם לַבְּרִיּוֹת מֵעֶלְבּוֹנָהּ שֶׁל תּוֹרָה!". שֶׁכָּל מִי שֶׁאֵינוֹ עוֹסֵק בַּתּוֹרָה נִקְרָא נָזוּף, שֶׁנֶּאֱמַר (משלי יא:כב): "נֶזֶם זָהָב בְּאַף חֲזִיר, אִשָּׁה יָפָה וְסָרַת טָעַם." וְאוֹמֵר (שמות לב:טז): "וְהַלֻּחֹת מַעֲשֵׂה אֱלֹהִים הֵמָּה וְהַמִּכְתָּב מִכְתַּב אֱלֹהִים הוּא חָרוּת עַל הַלֻּחֹת." אַל תִּקְרָא "חָרוּת" אֶלָּא "חֵרוּת". שֶׁאֵין לְךָ בֶּן חוֹרִין אֶלָּא מִי שֶׁעוֹסֵק בְּתַלְמוּד תּוֹרָה. וְכָל מִי שֶׁעוֹסֵק בְּתַלְמוּד תּוֹרָה הֲרֵי זֶה מִתְעַלֶּה, שֶׁנֶּאֱמַר (במדבר כא:יט): "וּמִמַּתָּנָה נַחֲלִיאֵל, וּמִנַּחֲלִיאֵל בָּמוֹת." **ג.** הַלּוֹמֵד מֵחֲבֵרוֹ פֶּרֶק אֶחָד, אוֹ הֲלָכָה אַחַת, אוֹ פָסוּק אֶחָד, אוֹ דִבּוּר אֶחָד, אוֹ אֲפִלּוּ אוֹת אַחַת, צָרִיךְ לִנְהֹג בּוֹ כָּבוֹד. שֶׁכֵּן מָצִינוּ בְּדָוִד מֶלֶךְ יִשְׂרָאֵל שֶׁלֹּא לָמַד מֵאֲחִיתֹפֶל

אֶלָּא שְׁנֵי דְבָרִים בִּלְבָד, וּקְרָאוֹ רַבּוֹ, אַלּוּפוֹ וּמְיֻדָּעוֹ, שֶׁנֶּאֱמַר (תְּהִלִּים
נה: יד): "וְאַתָּה אֱנוֹשׁ כְּעֶרְכִּי, אַלּוּפִי וּמְיֻדָּעִי" וַהֲלֹא דְבָרִים קַל וָחֹמֶר:
וּמַה דָּוִד מֶלֶךְ יִשְׂרָאֵל. שֶׁלֹּא לָמַד מֵאֲחִיתֹפֶל אֶלָּא שְׁנֵי דְבָרִים בִּלְבָד,
קְרָאוֹ רַבּוֹ אַלּוּפוֹ וּמְיֻדָּעוֹ, הַלּוֹמֵד מֵחֲבֵרוֹ פֶּרֶק אֶחָד, אוֹ הֲלָכָה אַחַת,
אוֹ פָּסוּק אֶחָד, אוֹ דִבּוּר אֶחָד, אוֹ אֲפִילוּ אוֹת אַחַת, עַל אַחַת כַּמָּה
וְכַמָּה שֶׁצָּרִיךְ לִנְהֹג בּוֹ כָּבוֹד! וְאֵין כָּבוֹד אֶלָּא תוֹרָה, שֶׁנֶּאֱמַר
(מִשְׁלֵי ג: לה): "כָּבוֹד חֲכָמִים יִנְחָלוּ" (מִשְׁלֵי כח: י): "וּתְמִימִים יִנְחֲלוּ
טוֹב" וְאֵין טוֹב אֶלָּא תוֹרָה, שֶׁנֶּאֱמַר (מִשְׁלֵי ד: ב): "כִּי לֶקַח טוֹב נָתַתִּי
לָכֶם, תּוֹרָתִי אַל תַּעֲזֹבוּ" כָּךְ הִיא דַרְכָּהּ שֶׁל תוֹרָה: פַּת בַּמֶּלַח
תֹּאכַל. וּמַיִם בִּמְשׂוּרָה תִשְׁתֶּה, וְעַל הָאָרֶץ תִּישַׁן, וְחַיֵּי צַעַר תִּחְיֶה,
וּבַתּוֹרָה אַתָּה עָמֵל. אִם אַתָּה עוֹשֶׂה כֵן, "אַשְׁרֶיךָ וְטוֹב לָךְ" (תְּהִלִּים
קכח: ב): "אַשְׁרֶיךָ" בָּעוֹלָם הַזֶּה. "וְטוֹב לָךְ" לָעוֹלָם הַבָּא. אַל תְּבַקֵּשׁ
גְּדֻלָּה לְעַצְמֶךָ, וְאַל תַּחְמֹד כָּבוֹד, יוֹתֵר מִלִּמּוּדְךָ עֲשֵׂה. וְאַל תִּתְאַוֶּה
לְשֻׁלְחָנָם שֶׁל מְלָכִים, שֶׁשֻּׁלְחָנְךָ גָּדוֹל מִשֻּׁלְחָנָם. וְכִתְרְךָ גָּדוֹל
מִכִּתְרָם. וְנֶאֱמָן הוּא בַּעַל מְלַאכְתֶּךָ, שֶׁיְּשַׁלֵּם לְךָ שְׂכַר פְּעֻלָּתֶךָ.
ל. גְּדוֹלָה תוֹרָה יוֹתֵר מִן הַכְּהֻנָּה וּמִן הַמַּלְכוּת. שֶׁהַמַּלְכוּת נִקְנֵית
בִּשְׁלֹשִׁים מַעֲלוֹת, וְהַכְּהֻנָּה נִקְנֵית בְּעֶשְׂרִים וְאַרְבָּעָה, וְהַתּוֹרָה
נִקְנֵית בְּאַרְבָּעִים וּשְׁמוֹנָה דְבָרִים, וְאֵלּוּ הֵן: בַּתַּלְמוּד, בִּשְׁמִיעַת
הָאֹזֶן. בַּעֲרִיכַת שְׂפָתַיִם, בְּבִינַת הַלֵּב, בְּשִׂכְלוּת הַלֵּב, בְּאֵימָה, בְּיִרְאָה,
בַּעֲנָוָה. בְּשִׂמְחָה, בְּטָהֳרָה, בְּשִׁמּוּשׁ חֲכָמִים, בְּדִקְדּוּק חֲבֵרִים,
בְּפִלְפּוּל הַתַּלְמִידִים, בְּיִשּׁוּב. בַּמִּקְרָא, בַּמִּשְׁנָה, בְּמִעוּט סְחוֹרָה,
בְּמִעוּט דֶּרֶךְ אֶרֶץ. בְּמִעוּט תַּעֲנוּג. בְּמִעוּט שֵׁנָה. בְּמִעוּט
שִׂיחָה, בְּמִעוּט שְׂחוֹק, בְּאֶרֶךְ אַפַּיִם, בְּלֵב טוֹב, בֶּאֱמוּנַת חֲכָמִים,
בְּקַבָּלַת הַיִּסּוּרִין, הַמַּכִּיר אֶת מְקוֹמוֹ, וְהַשָּׂמֵחַ בְּחֶלְקוֹ, וְהָעוֹשֶׂה
סְיָג לִדְבָרָיו, וְאֵינוֹ מַחֲזִיק טוֹבָה לְעַצְמוֹ, אָהוּב, אוֹהֵב אֶת
הַמָּקוֹם, אוֹהֵב אֶת הַבְּרִיּוֹת, אוֹהֵב אֶת הַצְּדָקוֹת, אוֹהֵב אֶת הַמֵּישָׁרִים,
אוֹהֵב אֶת הַתּוֹכָחוֹת, וּמִתְרַחֵק מִן הַכָּבוֹד, וְלֹא מֵגִיס לִבּוֹ בְּתַלְמוּדוֹ,
וְאֵינוֹ שָׂמֵחַ בַּהוֹרָאָה, נוֹשֵׂא בְּעֹל עִם חֲבֵרוֹ, וּמַכְרִיעוֹ לְכַף זְכוּת,

וּמַעֲמִידוֹ עַל הָאֱמֶת, וּמַעֲמִידוֹ עַל הַשָּׁלוֹם. וּמִתְיַשֵּׁב לִבּוֹ בְּתַלְמוּדוֹ,
שׁוֹאֵל וּמֵשִׁיב. שׁוֹמֵעַ וּמוֹסִיף, הַלּוֹמֵד עַל מְנָת לְלַמֵּד, וְהַלּוֹמֵד עַל
מְנָת לַעֲשׂוֹת. הַמַּחְכִּים אֶת רַבּוֹ, וְהַמְכַוֵּן אֶת שְׁמוּעָתוֹ, וְהָאוֹמֵר
דָּבָר בְּשֵׁם אוֹמְרוֹ. הָא לָמַדְתָּ, כָּל הָאוֹמֵר דָּבָר בְּשֵׁם אוֹמְרוֹ
מֵבִיא גְאֻלָּה לָעוֹלָם. שֶׁנֶּאֱמַר (אסתר ב:כב) "וַתֹּאמֶר אֶסְתֵּר לַמֶּלֶךְ
בְּשֵׁם מָרְדְּכָי" ז. גְּדוֹלָה תוֹרָה, שֶׁהִיא נוֹתֶנֶת חַיִּים לְעוֹשֶׂיהָ בָּעוֹלָם הַזֶּה
וּבָעוֹלָם הַבָּא, שֶׁנֶּאֱמַר (משלי ד:כב) "כִּי חַיִּים הֵם לְמֹצְאֵיהֶם, וּלְכָל בְּשָׂרוֹ
מַרְפֵּא" וְאוֹמֵר (משלי ג:ח) "רִפְאוּת תְּהִי לְשָׁרֶּךָ, וְשִׁקּוּי לְעַצְמוֹתֶיךָ"
וְאוֹמֵר (משלי ג:יח) "עֵץ חַיִּים הִיא לַמַּחֲזִיקִים בָּהּ וְתֹמְכֶיהָ
מְאֻשָּׁר" וְאוֹמֵר (משלי א:ט) "כִּי לִוְיַת חֵן הֵם לְרֹאשֶׁךָ, וַעֲנָקִים
לְגַרְגְּרֹתֶיךָ." וְאוֹמֵר (משלי ד:ט) "תִּתֵּן לְרֹאשְׁךָ לִוְיַת חֵן, עֲטֶרֶת
תִּפְאֶרֶת תְּמַגְּנֶךָ" וְאוֹמֵר (משלי ט:יא) "כִּי בִי יִרְבּוּ יָמֶיךָ, וְיוֹסִיפוּ
לְךָ שְׁנוֹת חַיִּים" וְאוֹמֵר (משלי ג:טז) "אֹרֶךְ יָמִים בִּימִינָהּ,
בִּשְׂמֹאולָהּ עֹשֶׁר וְכָבוֹד" וְאוֹמֵר (משלי ג:ב) "כִּי אֹרֶךְ יָמִים וּשְׁנוֹת
חַיִּים, וְשָׁלוֹם יוֹסִיפוּ לָךְ." ח. רַבִּי שִׁמְעוֹן בֶּן יְהוּדָה מִשּׁוּם רַבִּי
שִׁמְעוֹן בֶּן יוֹחַאי אוֹמֵר: הַנּוֹי, וְהַכֹּחַ, וְהָעֹשֶׁר, וְהַכָּבוֹד, וְהַחָכְמָה,
וְהַזִּקְנָה, וְהַשֵּׂיבָה, וְהַבָּנִים. נָאֶה לַצַּדִּיקִים וְנָאֶה לָעוֹלָם. שֶׁנֶּאֱמַר
(משלי טז:לא) "עֲטֶרֶת תִּפְאֶרֶת שֵׂיבָה, בְּדֶרֶךְ צְדָקָה תִּמָּצֵא."
וְאוֹמֵר (משלי יז:ו) "עֲטֶרֶת זְקֵנִים בְּנֵי בָנִים, וְתִפְאֶרֶת בָּנִים אֲבוֹתָם"
וְאוֹמֵר (כ:כט) "תִּפְאֶרֶת בַּחוּרִים כֹּחָם, וַהֲדַר זְקֵנִים שֵׂיבָה." וְאוֹמֵר
(ישעיהו כד:כג) "וְחָפְרָה הַלְּבָנָה וּבוֹשָׁה הַחַמָּה, כִּי מָלַךְ ה'
צְבָאוֹת בְּהַר צִיּוֹן וּבִירוּשָׁלַיִם וְנֶגֶד זְקֵנָיו כָּבוֹד" רַבִּי שִׁמְעוֹן בֶּן
מְנַסְיָא אוֹמֵר: אֵלּוּ שֶׁבַע מִדּוֹת, שֶׁמָּנוּ חֲכָמִים לַצַּדִּיקִים, כֻּלָּם
נִתְקַיְּמוּ בְּרַבִּי וּבְבָנָיו. ט. אָמַר רַבִּי יוֹסֵי בֶּן קִסְמָא: פַּעַם אַחַת
הָיִיתִי מְהַלֵּךְ בַּדֶּרֶךְ, וּפָגַע בִּי אָדָם אֶחָד. וְנָתַן לִי שָׁלוֹם,
וְהֶחֱזַרְתִּי לוֹ שָׁלוֹם. אָמַר לִי: "רַבִּי, מֵאֵיזֶה מָקוֹם אַתָּה?" אָמַרְתִּי
לוֹ: "מֵעִיר גְּדוֹלָה שֶׁל חֲכָמִים וְשֶׁל סוֹפְרִים אָנִי." אָמַר לִי:

"רַבִּי, רְצוֹנְךָ שֶׁתָּדוּר עִמָּנוּ בִּמְקוֹמֵנוּ וַאֲנִי אֶתֵּן לְךָ אֶלֶף
אֲלָפִים דִּינְרֵי זָהָב וַאֲבָנִים טוֹבוֹת וּמַרְגָּלִיּוֹת?" אָמַרְתִּי לוֹ:
"אִם אַתָּה נוֹתֵן לִי כָּל כֶּסֶף וְזָהָב וַאֲבָנִים טוֹבוֹת וּמַרְגָּלִיּוֹת שֶׁבָּעוֹלָם,
אֵינִי דָר אֶלָּא בִּמְקוֹם תּוֹרָה." וְכֵן כָּתוּב בְּסֵפֶר תְּהִלִּים עַל יְדֵי
דָּוִד מֶלֶךְ יִשְׂרָאֵל (תהילים קיט:עב): "טוֹב לִי תוֹרַת פִּיךָ מֵאַלְפֵי
זָהָב וָכֶסֶף" וְלֹא עוֹד אֶלָּא שֶׁבִּשְׁעַת פְּטִירָתוֹ שֶׁל אָדָם אֵין
מְלַוִּין לוֹ לָאָדָם לֹא כֶסֶף וְלֹא זָהָב וְלֹא אֲבָנִים טוֹבוֹת
וּמַרְגָּלִיּוֹת, אֶלָּא תוֹרָה וּמַעֲשִׂים טוֹבִים בִּלְבַד, שֶׁנֶּאֱמַר (משלי ו:כב):
"בְּהִתְהַלֶּכְךָ תַּנְחֶה אֹתָךְ, בְּשָׁכְבְּךָ תִּשְׁמֹר עָלֶיךָ, וַהֲקִיצוֹתָ הִיא
תְשִׂיחֶךָ." "בְּהִתְהַלֶּכְךָ תַּנְחֶה אֹתָךְ" בָּעוֹלָם הַזֶּה, "בְּשָׁכְבְּךָ תִּשְׁמֹר
עָלֶיךָ" בַּקֶּבֶר, "וַהֲקִיצוֹתָ הִיא תְשִׂיחֶךָ" לָעוֹלָם הַבָּא. וְאוֹמֵר (חגי
ב:ח): "לִי הַכֶּסֶף וְלִי הַזָּהָב, נְאֻם ה' צְבָאוֹת." חֲמִשָּׁה קִנְיָנִים
קָנָה הַקָּדוֹשׁ בָּרוּךְ הוּא בְּעוֹלָמוֹ, וְאֵלּוּ הֵן: תּוֹרָה, קִנְיָן אֶחָד,
שָׁמַיִם וָאָרֶץ, קִנְיָן אֶחָד, אַבְרָהָם, קִנְיָן אֶחָד, יִשְׂרָאֵל, קִנְיָן אֶחָד,
בֵּית הַמִּקְדָּשׁ, קִנְיָן אֶחָד. תּוֹרָה מִנַּיִן? דִּכְתִיב (משלי ח:כב): "ה'
קָנָנִי רֵאשִׁית דַּרְכּוֹ, קֶדֶם מִפְעָלָיו מֵאָז." שָׁמַיִם וָאָרֶץ מִנַּיִן?
דִּכְתִיב (ישעיהו סו:א): "כֹּה אָמַר ה', הַשָּׁמַיִם כִּסְאִי, וְהָאָרֶץ
הֲדֹם רַגְלָי, אֵי זֶה בַיִת אֲשֶׁר תִּבְנוּ לִי, וְאֵי זֶה מָקוֹם מְנוּחָתִי"
וְאוֹמֵר (תהילים קד:כד): "מָה רַבּוּ מַעֲשֶׂיךָ ה', כֻּלָּם בְּחָכְמָה עָשִׂיתָ,
מָלְאָה הָאָרֶץ קִנְיָנֶךָ." אַבְרָהָם מִנַּיִן? דִּכְתִיב (בראשית יד:יט): "וַיְבָרְכֵהוּ
וַיֹּאמַר, בָּרוּךְ אַבְרָם לְאֵל עֶלְיוֹן, קֹנֵה שָׁמַיִם וָאָרֶץ." יִשְׂרָאֵל
מִנַּיִן? דִּכְתִיב (שמות טו:טז): "עַד יַעֲבֹר עַמְּךָ ה', עַד יַעֲבֹר
עַם זוּ קָנִיתָ" וְאוֹמֵר (תהילים טז:ג): "לִקְדוֹשִׁים אֲשֶׁר בָּאָרֶץ הֵמָּה
וְאַדִּירֵי כָּל חֶפְצִי בָם." בֵּית הַמִּקְדָּשׁ מִנַּיִן? דִּכְתִיב (שמות טו:יז):
"מָכוֹן לְשִׁבְתְּךָ פָּעַלְתָּ ה', מִקְּדָשׁ אֲדֹנָי כּוֹנְנוּ יָדֶיךָ." וְאוֹמֵר
(תהילים עח:ג): "וַיְבִיאֵם אֶל גְּבוּל קָדְשׁוֹ, הַר זֶה קָנְתָה יְמִינוֹ."
יא. כָּל מַה שֶּׁבָּרָא הַקָּדוֹשׁ בָּרוּךְ הוּא בְּעוֹלָמוֹ לֹא בְרָאוֹ אֶלָּא

לִכְבוֹדוֹ, שֶׁנֶּאֱמַר (ישעיהו מג:ז) "כֹּל הַנִּקְרָא בִשְׁמִי וְלִכְבוֹדִי בְּרָאתִיו, יְצַרְתִּיו אַף עֲשִׂיתִיו". וְאוֹמֵר (שמות טו:יח) " ה' יִמְלֹךְ לְעֹלָם וָעֶד"

רַבִּי חֲנַנְיָא בֶּן עֲקַשְׁיָא אוֹמֵר: רָצָה הַקָּדוֹשׁ בָּרוּךְ הוּא לְזַכּוֹת אֶת יִשְׂרָאֵל, לְפִיכָךְ הִרְבָּה לָהֶם תּוֹרָה וּמִצְוֹת, שֶׁנֶּאֱמַר (ישעיה מב:כא) "ה' חָפֵץ לְמַעַן צִדְקוֹ, יַגְדִּיל תּוֹרָה וְיַאְדִּיר."

THANK YOU!

First & foremost, to my parents, Mama Bear & Poppy. My Chesed & Gevurah. Without your love, excitement, patience, & support, I don't know how this book would have come to life.

To my siblings: Rachel, for being one of the greatest champions & spokespeople of my work. You've always been one of my best art educators, and teachers of all that is rad. Daniella for being an all-star creative consultant. Your efforts to keep me styling are also appreciated. Josh, for keeping me well humored always. You guys are my best critics, cheerleaders, and friends. I'm tremendously grateful for your belief in my work.

To the folks at Print-O-Craft: David Zvi Kalman, for your enthusiasm and belief in this project since email one. Joshua Schwartz, for your incredibly innovative edits and ideas to push the boundaries of what a sefer can be, but mostly for being my pal. You truly are the best at what you do. I look forward to a future full of vegan siyums and doughnut meetings.

To my senior thesis class at Parsons, where this project began: Thank you to Jordin Isip for encouraging & challenging me to explore comic making, and to my classmates for being crazy inspiring, talented, & lovely people. Thank you to Ben Katchor, for getting me started with sequential story telling. You seriously changed my life.

To an extra special village of helping hands: Tali Zilberman, for dedicating summer days to scanning my work. Yael Kempe, for your motivation. Max Goldstein, for your encouragement & believing in the value of my work. Rachel Pinnelas, for your supremely professional advice on all things graphic novel related. Nat Bernstein, for your guidance on the Jewish book scene. My personal legend seekers club, for your coffee shop company & for sharing your dreams with me. Y'all seriously rule.

To my friends and teachers: Stephanie Crawley, Ben Greenfield, Gav Bellino, Rabbi Zach Fredman, & Sarah Korn, for answering all my questions & sharing your thoughts on how to improve this sefer.

To Grounded Coffee, Earth Cafe, & Irving Farms for providing me with a warm place to work, caffeine, & vegan baked goods. I truly appreciate you never asking me to "kindly leave" after occupying your spaces for several consecutive hours. May your businesses be blessed with good karma for eternity.

Lastly, but most dearly & awe-fully, to the Creator, the Boss, the Holy Sacred One, the Always Present Spirit, for... well, everything.

CPSIA information can be obtained
at www.ICGtesting.com
Printed in the USA
LVHW050454030223
738522LV00023B/371